道徳科授業の ネタ&アイデア 100

中学校編

田沼茂紀 編著

明治図書

はじめに

　2018年度，義務教育学校は道徳科全面実施の夜明けを迎える。これからどのような「特別の教科　道徳」＝道徳科のスタートがきられるのであろうか。とても楽しみである。特別の教科である道徳が新たにスタートしたら，全国の中学校の各教室でどのような素敵で力強い道徳科授業が展開されるのだろうかとワクワクしてくるのは編著者だけではないだろう。

　これから始まる道徳科授業，これまでの「道徳の時間」のよさを引き継ぎ，さらにこれまでとはひと味違う生徒たちにとって待ち遠しくなるような素敵な道徳科学習が待ちかまえているに違いない。想像してみるだけで，とても幸せで満ちたりた輝かしい未来予想図が描けてくるのである。新たに道徳教科書も導入されるが，生徒一人一人の夢がふくらんでくるような道徳科授業にぜひとももしていきたいものである。そんな夢が実現するための一助になればと願って本書が企画され，全国の実践家の協力を得てここに刊行することができたことにまずお礼を申し上げたい。

　しかし，不思議なものである。学校教育において，生徒の人格形成に直接寄与できる，教育者にとってはなによりも本懐であるはずの道徳授業は，これまで往々にして不人気であった。編著者が数年前に実施した中学校教師の意識調査でも，苦手の筆頭が道徳の時間であった。それは大学の教職課程での取得単位数や指導専門性の深さという点で不十分なことも否めないが，それ以上に忌避傾向が先行している現状があるのではないだろうか。だから，いきなり教師が道徳教材を範読し，矢継ぎ早に発問を繰り返すような生徒不在の授業が横行しているという実態も少なくなかったのである。

　教師主導で授業が進んだり，教師の視点のみで発問や指導法を工夫したりしても，生徒には道徳を学んだ記憶すら残らない。この笑うに笑えない状況が，少なからぬ教室で散見されたのも事実である。生徒が道徳的問題を自分事として受けとめ，自分を見つめたり，道徳的価値を見つめたり，自分の在

り方や生き方を見つめたりする時間にならなければ，本来的な道徳学習とはならない。道徳が教科となっても，教師主導の授業展開では道徳科が目指す教育成果は期待できないであろう。

　道徳科授業の基本的な考え方としては，学校の教育課程に位置づけられた全ての教育活動と密接に関連づけながら，計画的・発展的に指導していくことが大切である。それは偶発的な要素を取り込むことで授業を成立させるといった発想ではなく，学習指導要領で意図する「社会に開かれた教育課程」で「生きる力」を育むという視点に立ち，道徳的な資質・能力をしっかりと身につけさせていくという教育的前提がなければかなわないことである。そんな立場で従前の「道徳の時間」を振り返ってみると，「主題やねらいの設定が不十分な単なる生活経験の話合いや読み物の登場人物の心情の読み取りのみに偏った形式的な指導が行われていたりする例がある」とこれまでの指導の在り方とその教育効果を一刀両断にした中央教育審議会答申「幼稚園，小学校，中学校，高等学校及び特別支援学校の学習指導要領等の改善及び必要な方策等について」（2016年12月21日）の見解が切実感を伴って胸に響いてくる。

　本書では，これから始まる道徳科の趣旨を真摯に受けとめ，生徒の主体性を大切にした道徳科学習が実現されるよう，豊富な経験を有する実践家のアイデア宝箱を少しずつ公開してもらっている。その中には，明日からの授業をどうするかという喫緊の課題克服のヒントも含まれているに違いない。それらのアイデア宝箱の事例を活用してみたら，つい敬遠しがちだった道徳科授業が劇的に変貌することだってあり得るに違いない。教師が変われば生徒たちも必然的に変わってくる。教師が道徳科授業で生徒たちにきちんと向き合って語りかけるなら，生徒もそれに呼応するに違いない。教科教育では指導の制約から問うことができにくい人間としての在り方や生き方を真正面から取り上げ，語ることができる道徳科授業，その特質を大切にしながら全国の教師に本書を参考にチャレンジしていただきたいと願っている。

（田沼　茂紀）

CONTENTS

はじめに

第1章 「考え，議論する」道徳科授業づくり

第2章 「考え，議論する」道徳の ネタ＆アイデア100

導入のネタ＆アイデア

教材提示のネタ＆アイデア

話し合い活動のネタ＆アイデア

説話のネタ＆アイデア

おわりに

第 1 章

「考え，議論する」道徳科授業づくり

1 これからの「考え，議論する」道徳科授業づくり

その授業で子ども一人一人が輝いているか ---------------------

　道徳教育研究の世界に身を置いての仕事柄，各地の研究推進校などで道徳授業を参観する機会も少なくない。授業参観，つまり観察するということは，「教授と学習」という教師と子どもとの双方向的な「学びの関係性」について分析的に理解するということでもある。このような視点がなければ，「このクラスは子どもと教師との人間関係がとても豊かですね」「発言こそ少なかったものの，子どもたちはそれぞれに本時のねらいを噛みしめていましたね」等々の愚にもつかないコメントでその場しのぎにお茶を濁さなければならないのである。

　これから始まる道徳科授業とて，同じである。子どもと教師とが道徳教材を介して真摯に向き合う「学びの関係性」について論ずる時，子どもが自らの自己探求課題として道徳的学びを求めて活躍する姿が手に取るように理解できたら，それはよい授業なのである。そして，そのような「主体的・対話的で深い学び」の場を構成しながら，子ども一人一人を能動的学習者（Active Learner）として位置づけていける教師こそ，これからのキーワードとなっている「考え，議論する道徳」を体現できる教師なのである。ここで言う「考え，議論する道徳」とは，子どもたちが口角泡を飛ばして自己主張し，相手の発言を封じ込めるため躍起になるといった意味では決してない。

　日常的道徳生活においてそれぞれに道徳的体験も道徳的知識も異なる者同士が，胸襟を開いて自らの道徳的なものの見方や感じ方，考え方を忌憚なく語り合えるような「協同的学び」の関係である。その語られる課題は共通であっても，個が導く結論は合意形成ではない個別の「納得解」である。

子どもが「考え，議論する」先には納得解がある --------------

これからの道徳科授業が目指す理想的な在り方は，従前の授業と本質的な部分では同じである。つまり，「道徳的価値についての理解を深めながら自己を見つめ，自己の人間としての生き方や在り方を見つめる」という授業意義と特質である。この特質は，これまでの教科外教育としての「道徳の時間」から，「特別の教科　道徳」＝道徳科へと移行しても，なんら変わるものではない。

ならば，道徳が教科になって何が変化するのであろうか。それは「個の内面的資質・能力としての生きて働く具体的な道徳力の育成方法が変化する」という一言につきると考えられよう。つまり，日常的道徳生活の中で子ども一人一人が道徳的実践を体現していくための，実効性ある個の道徳的資質・能力を形成するための指導観と指導方法論の転換がこれからの道徳科では求められてくるということである。

新たな道徳科を創出するための切り札となるのが，実効性を伴う道徳的資質・能力としての道徳性の育み方の転換であるとするなら，そのコンセプトはなにかと気になるところである。それは，教師が主導的に展開することが多かった「道徳の時間」での子どもの学習の仕方が，子ども自身の自発的意志力による「主体的・対話的で深い学び」へと転換するという一言につきよう。いわば，改まった学習としてのお仕着せ的な学びスタイルの傾向が強かった「裃を着た道徳学習」から，子ども自身による能動的な道徳的学びとしての「普段着での道徳科学習」へと学習観と学習指導方法論の転換を実現していくということである。

従前の道徳授業でよく散見されたのは，多くの人にとって望ましいとされる道徳的価値について合意形成して共有する「共通解」形成のゴールであった。しかし，大切なのは，その先の主体的学習者である子ども一人一人が自らの納得として道徳的価値を受けとめ，意味づける「納得解」の紡ぎである。

道徳科では指導過程論から学習プロセス論へ発想転換しよう ‥

　従前の道徳授業は，その時間の主題やねらいについての検討が十分でなかったり，単なる生活経験の話し合いや読み物の登場人物の心情の読み取りのみに偏った形式的な指導で終わったりしているといった批判にさらされることが多かった。その要因は様々であろうが，予め決められた一定の授業スタイルに落とし込んで授業を構想する教師主導型「指導過程論」の呪縛から逃れられなかったということにつきよう。教師が意図した主題のねらいに向けて子どもに発問を矢継ぎ早にたたみかけるような授業では，子どもは決して受動的学習者（Passive Learner）から能動的学習者へ変身することなどかなわない。

　指導過程論の問題点は，内容項目を考慮せずに１時間の授業を導入→展開→終末の各段階でやるべき指導内容を固定化した指導パターンで進めることにある。そのメリットは，初任者でも，苦手な教師でも，パターン化して授業展開すればまがりなりにも授業が成立することである。しかし，これでは，いつまでたっても子どもは授業の中でお客様的存在でしかない。能動的学習へと子どもを誘うには，子ども一人一人が個別の道徳的学びの経験を学習プロセスに沿って積み重ねていくという「学習プロセス論」の発想に立脚した道徳科授業づくりが求められるのである。

　学習プロセス論の要諦とは何か。それは日常的道徳生活における経験や理解が異なる子どもたちが，教材という道徳的追体験を共有し，個別の視点を前提に協同思考活動を展開していくプロセスで，自らの道徳的気づきや共通解としての道徳的価値の共有，自分事に照らした納得解としての道徳的価値の紡ぎとさらなる自己課題の探求，という主体的な課題探求型道徳科学習を実現していくことである。

　このような課題探求型道徳科学習が成立するために必要不可欠なのが，本時の中心発問と表裏一体の関係性をもつ「共通追求課題」の設定である。個として「和して同ぜず」の協同学習を実現する肝である。

子どもの瞳輝く課題探求型道徳科授業をどう創出するか -------

　道徳科授業で子どもが他人事でない，切実な自分事として考え，同様に学ぶ他者としっかり向き合い，多様な価値観にふれながら自らの道徳的な見方・考え方を拡げていけるような能動的な道徳科学習を想定すると，下記のようなステップ学習としての「課題探求型道徳科授業」がイメージ化されてくる。

【課題探求型道徳科授業による学習プロセス】

ステップ①　学習テーマの確認と本時の共通追求学習課題の設定
⬇　　＊教師による学習テーマの提示と学習者全員での確認。
⬇　　◆日常的道徳生活経験や道徳教材をもとに共通追求学習課題を設定。
ステップ②　協同思考・探求活動による共通解の形成と望ましさの共有
⬇　　◆みんなが納得できる望ましさとしての道徳的価値の追求・共有。
ステップ③　望ましさとしての共通解をもとにした個としての納得解の紡ぎ
⬇　　◆共通解を自分事としてどう受けとめ実践の見通しがもてるかの省察。
ステップ④　自己を高めるための新たな道徳学習課題の検討・設定

　子どもの道徳学習プロセスとして捉えると，「テーマの明確化」⇒「協同学習を進めるための共通追求学習課題の設定」⇒「協同思考・探求活動による共通解の形成」⇒「共通解に基づく個としての納得解の紡ぎ」⇒「次なる学びへの新たな学習課題の検討」といった授業展開の基本的な道筋が見えてくる。そこでのポイントは，「学習課題設定による共通解の形成と納得解の紡ぎ」という道徳的学びのプロセスのみを考慮すれば，小学校45分間，中学校50分間の道徳科学習をフレキシブルかつ多様な能動的学習活動として構成できるということである。つまり，子どもの道徳的な学びに寄り添った子ども自身の自発的意志による「主体的・対話的で深い学び」へと発想転換して道徳科授業を創造していくことにほかならない。教師の都合で構想する授業から，勇気をもって一歩を踏み出したい。

2 道徳科授業づくりのための ネタ＆アイデアの考え方

導入の役割を踏まえて子どもの学びを方向づける --------------

　子どもにとっての道徳科学習プロセス第１段階は「導入」である。子どもの側からすれば，その時間で追求すべき道徳的課題に気づき，興味・関心を高めることである。ならば，教師側からすれば，設定した主題のねらいに即しながら，その時間で追求すべき道徳的問題に気づかせ，興味を喚起し，学習集団全体の道徳的課題となるよう動機づける役割を担う部分が導入である。

❶能動的な学習イメージをもたせる

　導入の取り扱いについてはこれといったルールがあるわけではない。しかし，小学校45分間，中学校50分間というかぎられた１単位時間の中で能動的な深い学びへ誘おうとするなら，子どもが本時主題への見通しや道徳的課題への気づきといった能動的な学習イメージをもったり，学習プロセスを歩み出したりするための方法論的な見通しをもたせることが導入の使命となる。

❷追求すべき道徳的学習課題を明確にする

　本時で取り扱う学習テーマの提示は教師の仕事である。そこから本時で追求すべき学習課題やめあてづくりが開始されるのである。教師が「今日は本当の思いやりについて考えてみよう」とテーマを提示したら，子どもたちはぶれることなく「思いやりのどんなことが道徳的課題となるのか」と本時の必然性のある道徳的学びへの明確かつ具体的な動機づけをすることができる。

教材&教具を活用して自分事として接点をもたせる ----------

　道徳科授業で子どもたちに提示する道徳教材は，子ども自身が自分を見つめ，それに連なる道徳的価値を見つめ，自らの生き方を見つめるための「鏡」であり，自らを磨き上げる「砥石」でもある。道徳教材を活用するのは，そもそも日常的な道徳経験量が違ったり，道徳的価値についての理解度が違ったりする教室の子どもたちに間接的な共通の道徳的追体験を感情体験で実現させることが目的である。そして，互いの道徳的問題に対するものの見方，感じ方，考え方という，いわゆる学習指導要領で言うところの「多様な見方，考え方」にふれる機会を意図的にもたせようとする点に意味があるのである。

❶道徳的問題と自分との接点をもたせる

　道徳教材をただ提示するだけでは，そこに含まれる道徳的問題に対する気づきや自分事として道徳的問題と向き合ってその背後にある道徳的価値と対話することなどかなわない。道徳教材中の内容が他人事，絵空事でなく，そこに描かれた道徳的問題は自分たちの日常の中にも存在していること，その問題に対する自らの認識を問うことに意味があるという事実に気づかせることが道徳教材活用の意図である。

❷教具を介して子どもと道徳教材とをつなぐ

　教具の有効な活用法が問われるのは，子どもの道徳的課題意識と教材中の道徳的問題に内在する道徳的価値との橋渡しの役割を担うからである。もちろん，場の雰囲気を醸成したり，教材中の道徳的問題に没頭させたりするという目的性から，様々な創意工夫に満ちた教具が開発されてきたのは言うまでもない。そんな視点から道徳教材と道徳教具の関係性を改めて再考すると，またその教育的意味づけや利活用の視点も変わってくるのである。大切なことは，教具の活用によって子どもの道徳的思考が促進されるか否かである。

話し合いの意図を踏まえて子ども自身の問いを引き出す ·······

　道徳科授業で「話し合い」が重視されるのは，人は誰しも自分と異なる価値観や想定を超えた「多様な見方，考え方」にふれた時に自らの価値観を問い直すからである。価値観の問い直しこそ道徳的成長であり，自らの新たな道徳的価値観創造のための第一歩である。そのための「話し合い」である。ただ，道徳科学習では相手を打ち負かしたり，言いこめたりして白黒をつけるために話し合うのではない。自分以外の考えを知るためのものであることから，それは互いに考えや思いを伝え合う「語り合い」という表現の方が適切であろう。

❶多様な工夫で話し合いを促進する

　話し合いと一口に言っても，その活動形態は実に多様である。いくら教室内の対等な関係性の中での話し合いであったとしても，そのパフォーマンス能力は千差万別であり，パフォーマンス・ツールの獲得力や活用能力もやはり十人十色である。ならば，発言力の強い子どもに他の子どもが押しきられたとしても，それは話し合った結果とされてしまうのであろうか。それでは，個としての生き方の問題である道徳的価値観の問い直しは前進しない。ゆえに，話し合いを「有用の無」としないために，様々なパフォーマンス能力に応じた話し合い活動を実現するための多様な工夫が必要となるのである。

❷他者対話を通して自己内対話が促進される

　話し合いは，他者対話である。しかし，子どもはそれだけを通して自らの価値観の問い直しをしているわけではない。他者対話と同時に個の内面では同時進行的にもう一人の自分との「自己内対話」も促進されている。他者の多様な考え方を自分なりに咀嚼・吟味したり，自分のこれまでの価値観を再度問い直したりと，他者との話し合い活動を通して子どもは自分自身とも語り合うことで自らの確固たる道徳的価値観を形成していくのである。

板書の効果的な活用を通して子どもの思考を深める ----------

　これまでの道徳授業でも，これからの道徳科授業でも，新たな情報ツールとしての電子黒板なども含めて板書の工夫はよりいっそう求められてくるであろう。道徳科授業における板書は子どもの学びを時系列的に確認させ，体系化して思考を整理させ，板書事項と関連づけながら個々の道徳的思考を深めさせていく役割と活用意義がある。思考の流れを時系列で表したり，違いや多様さを対比させたり，構造化することで論点を明確化させたりと，他教科以上に道徳科の板書は重要であり，その活用方法などの工夫は奥が深い。

❶板書を思考活動ツールとして活用する

　板書は丁寧だが，子どもの発言記録黒板のようになっている残念な授業を参観することも少なくない。黒板はなんのために教室の前面中央に陣取っているのかと考えると，それは子どもが学びを深めるための学習促進ツール以外の何物でもないという結論に至ろう。この役割は，電子黒板化されても変わるものではないだろう。ならば，板書をどう有効に活用するのかということになろうが，結論的にはその時間で学んでいることが最初から時系列的に見通せるということである。それができれば子どもたちも自分の学びの方向性を見失うことはないし，自分自身の思考を深めるために必要な情報も手に取るように確認できよう。そんな板書活用アイデアを毎時間工夫していきたい。

❷黒板そのものをツール化活用して思考を深める

　異なる考え方が対比的に示された黒板にネームプレートを貼るとか，板書のふきだしに自分の考えを記すといったツール化活用の工夫はよく散見されるところである。また，ミニホワイトボードに個人やグループの考えをまとめて黒板に貼り出すといった工夫も取り入れられている。その活用は多様であっても，最後は思考活動プロセスが構造化される板書にしたい。

ノートやワークシートで自己を見つめさせる ------------------

　従前の道徳授業では，あまりノート活用がなされてこなかった。他教科とは違うからという教師側の意識が強く働いてきたのかもしれない。それならワークシートを活用しようとなるのであるが，丁寧に作成すればするほど教師の指導意図を強く反映したものとなって子どもの主体性を奪ってしまう。ならば，これからの道徳科ではノートやワークシート作成をどう考え，工夫していけばよいのであろうか。結論としては，互いに協力し合ってそれぞれの最適解を導き出そうとする協同学習としての道徳科授業をイメージするなら，協同学習に関わって共通活用する部分と，自らの自由なスタイルで書きまとめる個別部分とを１冊のノート，１枚のワークシートの中で明確に使い分けてはどうだろうか。子どもが綴ったものは，子ども自身が自分を見つめ，価値を見つめ，自分の生き方を見つめるためのものであるとするなら，その活用方法は，使用方法を統一するとか，しないとかの問題ではないだろう。

❶ノート活用で指導と評価の一体化を実現する

　ノートは，時々の子どもの道徳学習の足跡である。それはパフォーマンス評価そのものであり，その過程での教師のコメントによる子どもとの対話は継続的な指導プロセスの記録でもある。「学習状況や道徳性に係る成長の様子を継続的に把握し……」いう道徳科評価は，こんな身近なところから始まる。みんなで共通記述するところ，自由に記述するところ等々，ノート活用のルールを明確にしておけば，その有効活用の手立ては大いに広がってくる。

❷ワークシートを道徳的学びの「標」にする

　道徳科授業でワークシートを活用するのは，子どもの学びを主題のねらいに誘導するためではない。子ども一人一人が自らの学びを方向づけ，より高い理想に向かって追求するための「標<ruby>標<rt>しるべ</rt></ruby>」となるような機能役割をぜひもたせたい。

終末で子どもの日常的道徳生活との接点をもたせる ----------

　道徳授業における終末段階の取り扱いをめぐってはこれまで様々な見解が示され，その意味づけや手法などについても多様な主張がなされてきた。しかし，その時間での学びを整理し，次なる学びへの意欲化を図るという基本的な部分においては差違があるわけではない。その授業で学んだことを大切にし，それが心に深く刻まれるよう印象づけるところに大きな意味があろう。いわば，子ども一人一人の道徳心に楔（くさび）を打ち込み，それが日常的道徳生活の中での実践化を促す契機となるようにしていくところにその時間のまとめとしての終末の意義があるのである。

❶教師が働きかけて授業を取りまとめる

　終末は，その授業で学んだ事柄を子どもたちの日常的道徳生活へと敷衍することを目的に教師が本時と類似する説話やエピソード，格言を紹介したり，さらには教師自身の体験などを語ったりして実践意欲化を図るといった目的で締めくくる場合が少なくない。その際に留意したいのは，その時間の中で子どもたちが個々に学んだ事柄と，その時間のまとめとして提示した事柄の道徳的価値との間に乖離があってはならないということである。提示した話題が道徳的価値実現という点で高次であれば，「こんなのできっこない」とか「こんなことは自分と関係ない」といった否定的見解で終わってしまう。

❷終末だからこそ子ども自身が授業を取りまとめる

　子ども一人一人が静かに自分を振り返って考えたり，書いてまとめたりする等々，自分事として道徳的価値との接点をもちながら自己省察する時間とする手法も，日常生活への敷衍化という点では大きな意味をもつ。教師主導の終末で生じやすい価値の押しつけ，決意表明の強要などを回避することができる。

説話を通して未知の世界を拡げる ------------------------------

　道徳の授業においては，教師が子どもたちにその時間で学んだ道徳的価値へのさらなる理解や道徳的実践意欲喚起を目的に語り聞かせる「説話」の手法が用いられることが少なくない。その時間の活動を通して学んだ道徳的価値にさらなる厚みをもたせたり，人間理解の視点から自分の在り方や生き方を問い直させたりする手法としては，効果的である。また，教師が予め用意して満を持して臨むという点からも，短時間で説得力をもって取りまとめることができるという長所も兼ね備えている。ただ，子どもたちの授業を通して価値追求してきた事柄と教師の説話との間に微妙なズレ，教師の思いとその時間の学びをまとめようとしている子どもとの齟齬が生じやすい点には予め留意しておくべきである。

❶道徳的話材を効果的に子どもたちと共有する

　教師の説話は，終末におけるまとめとして活用することが多い。いわば，その授業の締めとなる場合がほとんどである。よって，そのような観点からつい教師としては高い価値が実現された話材を選びがちである。すると，その時間に学んできた子どもたちの道徳的価値理解や価値自覚の深まり具合との齟齬，理想と現実の乖離がどうしても生じやすい。その点の配慮は必須である。

❷子どもたちの心を射止めるような効果的な語りにする

　教師の説話は，どうしてもその時間の授業を締めくくるといった場面での活用が多い。そのために終末段階という指導意識が先行して，子どもたちにとってはやや次元の異なる場違いな話題であったり，あまりにも理想的であったりしがちなことも少なくない。やはり，子どもたちにとって身近に興味・関心が喚起され，共感的に受けとめることができるような感動的な話材であったり，等身大の話材であったりすることが大切である。　（田沼　茂紀）

第 2 章

「考え，議論する」
道徳のネタ&アイデア
100

1 教材に関わりのある 音楽を活用する

ポイント

　流れてくる音楽に関心を示さない生徒はいない。これまで出会ったことのない歌声が，聞き覚えのある曲に合わせて聞こえてくればなおさらである。なんの説明もなく音楽を聴かせ，自分なりに想像力をふくらませることで学習への関心を高めさせることができる。

実践例（1年生）

　沖縄県出身の盲目の歌手である新垣勉さんの生き方や考え方から学ぶ授業を行った。授業開始後すぐ，何も説明せずに歌声を聴かせた後，「どんな人が歌っているでしょう」と質問し，自由に意見を発表させた後，新垣勉さんについて説明した。

　また，終末においてもう一度，歌声を聴かせた。多くの生徒が，授業のはじめに聴いた時に感じた思いと，学習後に聴いた時に感じた自分自身の思いの変化に気づくことができたようであり，涙を流していた生徒もいた。

（馬場　真澄）

② アンケート結果を活用する

ポイント

アンケート結果を活用することで，学習課題をより身近な問題として捉え，自分事として考えようとする学習意欲を高めさせることができる。

実践例（2年生）

いじめ問題に関する教材を扱った時，毎月行っているいじめに関するアンケートの中の，「あなたの周りにいじめがあると感じますか」という質問に関する回答を活用した。

「『いじめに関するアンケート』の結果では，『自分の周りにいじめがあると感じる』と回答した人がいませんでした。1年生の同時期のアンケートでは，『あると感じる』人が今より多くいました。なぜこのように変化したのでしょうか」
と発問すると，次のような反応があった。

・成長に伴って，思いやりの気持ちができてきたから。
・少しのいじめは気にならなくなったから。
・一緒に過ごす時間が長くなり，お互いを理解することができるようになったから。

これらの意見を生かし，授業を展開した。

（馬場　真澄）

3 生徒の作文や日記を生かす

ポイント

　1日の予定や振り返りの記録を「帰りの会」の時間に「毎日の記録ノート」に書いている学校は多くあると思われる。私も学級担任として，毎日書かれている内容を確認し，コメントを返している。道徳の授業があった日には，授業に関することを書く生徒も多くいる。生徒たちの学びが授業後も続いていることはたいへんうれしいことである。さらに，書かれたことを道徳の授業において活用することにより，学びの広がりが期待できる。

実践例（3年生）

　本校では，体育祭の団が3つある。その団の色をくじで決めた日のある生徒の「毎日の記録ノート」に，「私は白でよかった。団長の○○さんが，『白をひきたい！』と言っていたからです」と書かれていた。この言葉を導入に活用し，集団生活の充実に関する授業を行った。

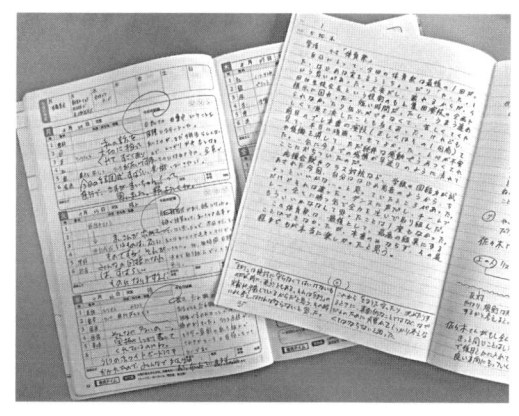

　また，道徳の時間も他の教科と同様にノートを使っている。体育祭などの行事の後には，学級活動の時間を利用して「道徳ノート」に作文を書かせている。このことは，行事と道徳の授業をつなげる役割も果たしている。

（馬場　真澄）

絵本の「帯」や「あとがき」「表紙」を活用する

ポイント --

　導入には１時間の授業を方向づけるという大切な役割がある。生徒自身が問題意識をもち，学習への意欲が高まるような工夫をしなければならない。

　絵本は，提示しただけで生徒の興味・関心を高めることができる教材であり，内容がわかりやすく，道徳的な問題が含まれているものも多い。また，絵本には「帯」があるものがあるが，そこに書かれた言葉で，道徳的な問題として考えたくなる表現に出会うことがある。これらは効果的に活用することができる。「あとがき」や「表紙」も同様である。

実践例（１年生）---

　『てるちゃんのかお』（藤井輝明・文／亀澤裕也・絵，金の星社）という絵本を活用して授業を行った。誰もが差別されることなく幸せに生活するためには，周囲の理解が大切であることに気づき，差別が起きてしまった背景を考えることを通してよりよい社会を実現していこうとする態度を育てることをねらいとした。

　この絵本の「帯」に書かれている「どんな人にも，その人にしかない価値がある」という言葉を活用した。はじめにこの言葉を黒板に提示し，自由に意見を発表させた。これにより，本時の学習テーマや学習内容をしっかり把握させることができた。

（馬場　真澄）

5 教材の登場人物に関するクイズで関心を高める

ポイント

クイズを通して，教材の内容からは読み取れない人物像などについて紹介することができ，道徳的な問題を多面的・多角的に考えることにもつながる。

実践例（2年生）

「生命の尊さ」の授業である。マンガ家として知られている手塚治虫が医学博士でもあることや，反戦思想をもっていることを知る

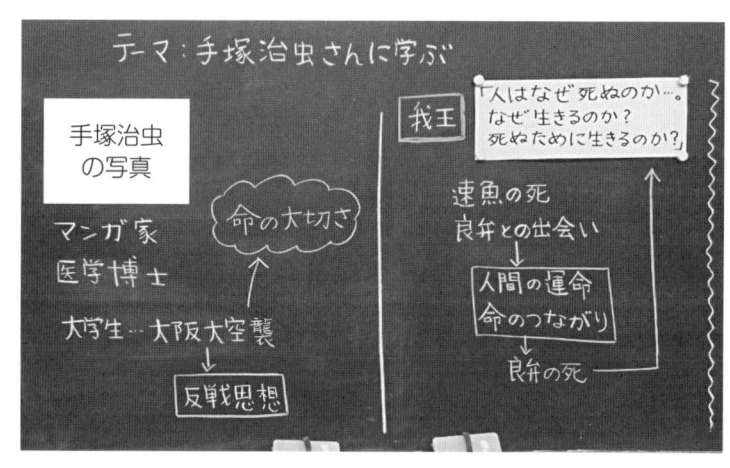

ことは，手塚治虫の生命観を考えるうえで必要であった。

いくつかの問題に自由に答えさせながら導入の時間を進め，最後には顔写真を提示してクイズの「正解」を伝えた。そして，その内容を黒板の左端に書いた。

手塚治虫の様々な作品は，これらの思想や体験が背景にあるということを知ることで，様々な視点から考えさせることができた。

（馬場　真澄）

6 授業の「テーマ」を生かす

ポイント

多くの場合，授業において学習の「テーマ」を生徒に示すようにしている。この「テーマ」は，ねらいや教材，内容項目から考えたものであり，主題名に近いものとなっている。また，これは1時間の学習を支えるものでもある。教材を示す前に，はじめに「テーマ」についての個々の考えを確認することは，学習内容を充実させることにつながる。

実践例（3年生）

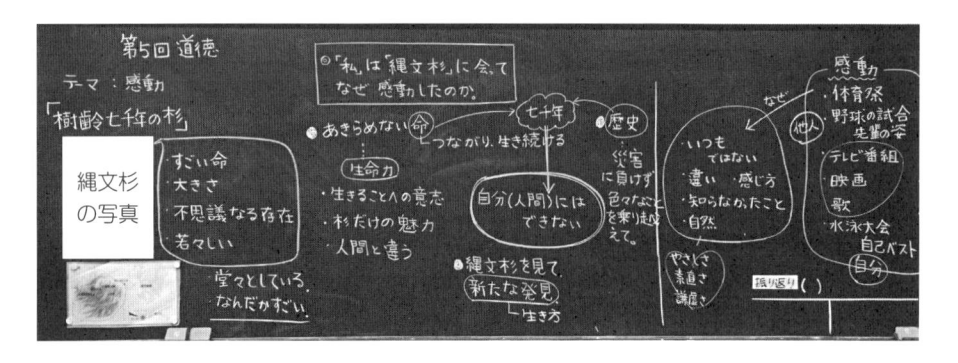

「樹齢七千年の杉」を教材に実践した。はじめに本時のテーマを「感動」と伝え，最近どのようなことに感動したか，自由に発表させた（右上に板書）。そして，屋久島の「縄文杉」の映像を見せ，写真を提示し，授業を展開した。学習を進めていく中で，導入で発表された「感動」と，教材の主人公が「縄文杉」を見た時に感じた「感動」の共通点や違いについて考えさせた。

(馬場　真澄)

7 事前の教育活動において 学習した内容を生かす

ポイント

　道徳教育は学校の教育活動全体で行うものであり，様々な学習との関連を意識して行うことが大切である。また，教材によっては人物像や社会背景などを詳しく理解させる必要があり，たくさんの時間を要する場合がある。そのため，黒板に掲示し，全体に示す資料は効果的である。

実践例（1年生）

　人権教育と関連させ，ハンセン病患者の方から21世紀を担う子どもたちにあてられたメッセージを教材に授業を行った。事前に学級活動の時間においてハンセン病の歴史やその患者の生活などを知ることにより，道徳の時間には，深まりのある授業

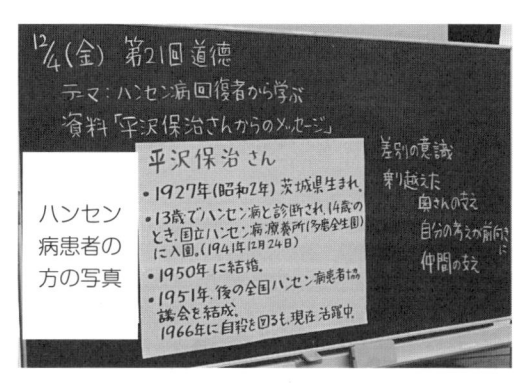

を展開することができた。導入において，事前の学習で考えたハンセン病に対する自分の思いや学習した内容を振り返らせながら，まとめたものを黒板に示した。

◆事前学習における生徒の反応

・自分が生まれる1年前に，隔離政策が終わってよかった。

・なぜ差別されたのか，差別はなくなるのか。

・自分にできることを考えてみると，たくさんあると思う。　　　（馬場　真澄）

⑧ ねらいとする価値そのもの について問う

ポイント --

　中心的な発問の場面において，「本当の友情ってなんだろう」「思いやりってなんだろう」など，ねらいとする価値そのものについて考えさせる授業展開をよく行う。

　一人一人の考え方に違いがあっても，このような価値をどう捉えるか，共通の認識をもたせることは必要であり，導入において考えさせることにより，その後の授業が効果的に展開される場合がある。

実践例（3年生） --

　よりよい社会を実現させるために，公徳心が大切であることは誰もが理解している。しかし，これに反して自分の利益を考えた行動をとってしまう人間の弱さがある。これらのことについて深く考えさせる授業を展開した時の実践例である。

　「傘の下」（出典：『道徳教育推進指導資料（指導の手引）6　中学校　社会のルールを大切にする心を育てる』文部省）という教材を活用し，問題解決的な学習を行った時の導入として，「公徳心とはなんだろう」と発問した。

　多くの意見は発表されなかったが，「社会生活をよりよくするために守るべき正しい道を大切にする心」という共通の認識をもたせることができた。また，これを示すことにより，本時の学習内容の方向づけをすることもできた。

（馬場　真澄）

9 自分の取り組みに点数をつける

数字（％）を使って，がんばり度を「見える化」する ---------

　「数字」は，見えないものを見えるようにするのに便利である。ここでは，学校生活での取り組みに点数をつけて，それを使って学習する方法を紹介する。

2つの数字を比べる ---------------------------------------

　例えば，「合唱コンクールでの自分の取り組みに点数をつけてみよう」と，最初に指示する。

　文化祭の合唱コンクールは，学級の団結力が試される一大イベントである。文化祭が近くなると，校舎のあちらこちらから歌声が響いてくるというのは，多くの中学校で見られる光景だろう。どのクラスも最優秀賞や金賞を目指して子どもが燃える。学級会で，いつ練習するか，どんなふうに練習するか，目標は？　スローガンは？　などと話し合い，クラスや個人の目標を決める。目の前に目標があり，毎日のように練習もしているので，当然つける点数は高くなることが予想される。

　合唱コンクールの他に，修学旅行や体育祭，陸上記録会などの行事を取り上げることも考えられる。

　一方，比べる対象は，学期のはじめに立てた目標や定期テストの目標などがよい。子どもの達成感や満足感の高い行事とそうでないことが予想されるものを比較するのがポイントである。2つの数字の違いをもとに，「なぜ？」を考え，「みんなで考える道徳」として，授業を展開したい。

（櫻井　雅明）

10 新聞記事を提示する

いきなり新聞記事

　新聞記事は，実際にあった出来事が書かれているので，子どもの興味・関心がぐっと高まる。

　そこで，授業の冒頭に新聞記事を提示する。

　見出しに「！」や「？」という気持ちがわき起こる新聞記事ほど，子どもは興味がわく。子どもの視線は新聞記事に注がれ，学習内容や道徳的価値への方向づけができる。

日頃から教材を探す目をもって…アンテナを高く

　ここで紹介するのは，「オランウータンが激減している」という新聞記事。私が取り上げたのは，10年以上前の新聞記事である。たまたま読んでおもしろそうだったので，スクラップにしてあったものである。今はインターネットで容易に同じような内容の新聞記事が手に入る。驚きや気づき・発見から授業（教材）への興味・関心を高めたり，道徳的価値・主題への課題意識を高めたりできる。

　新聞記事を提示する時は，新聞記事の内容そのものを教材として扱うのであれば，印刷して配付するのがよい。また，他に主教材があって単純に新聞記事を道徳的価値への方向づけとして扱うのであれば，ICT 機器を活用して，大きく提示して導入としたい。

　新聞記事は，実際に授業を構想する時に探すより，日頃から気になった記事に出会ったら，集めてストックしておくといつでも活用できる。

（櫻井　雅明）

 アンケート結果を提示して 方向づけを

アンケート結果を提示して

　事前に，本時の学習に関係した「アンケート」をとることはよくある。その結果を提示することで，本時に学習する道徳的価値への導入を図る。

　例えば，「どんなことがいじめか」という，学級での事前アンケートの結果を提示する。「悪口を言う」「無視する」「物を隠す」「なぐる」「嫌がらせをする」など，何気ない発言や行為が，相手にとってはいじめになること，自分の身近なところでも起こり得ることであることを全員で共通確認する。その後，「いじめ」を扱った教材を学習する。

数字データの力を借りる

　この「いじめに関するアンケート」は，様々ないじめを扱った読み物教材に活用できる。また，「いじめを受けたことがあるか」「いじめをしたことがあるか」という内容でアンケートをとった時には，その数字を提示することで切実感が増す。

　ただ，学級に現在進行形で「いじめ」があるという実態があるとしたら，全体に占める割合（％）や人数などの数字を提示することは慎重にしたい。アンケート結果によっては，あまりにリアルな現実問題を扱うことになってしまうので要注意だ。

　したがって，自分のクラスの実態ではなく，「いじめを受けたことがあるか」「いじめをしたことがあるか」という内容で，中学生としての一般的なデータを提示するのもひとつの方法である。

（櫻井　雅明）

12 本のタイトルを示す

インパクトのあるタイトルで興味・関心を ----------------------

インパクトのあるタイトルの本は，子どもたちの興味・関心をぐっと引きつける。「！（びっくり・驚き）」や「？（なぜだろう・疑問）」などの心情を喚起するには，申し分のない導入となる。

導入そして展開にも生かす ---------------------------------

『あなたの夢はなんですか？　私の夢は大人になるまで生きることです。』（池間哲郎・著，致知出版社）を使った実際の授業では，開始第一声で「あなたの夢はなんですか？」と聞いた。「○○になることです」と答える。次に少女の写真を示し，「この女の子は同じ質問に対してなんと答えたと思いますか」と問う。様々な意見が飛び交う中で，タイトルの一部にもなっている「私の夢は大人になるまで生きることです」を紹介する。「えっ」と驚いた顔をする。「どうしてこんなふうに答えたのだろう」と投げかけ，ここから授業をスタートした。最初に少女の写真を示してからタイトルを提示する流れも考えられる。私は世界の食育事情を扱い食への感謝の授業を行ったが，様々にアレンジできる。私が今まで使ったインパクトのあった本のタイトルは，『あの日のことをかきました』（エクトル・シエラ著，講談社）『森が消えれば海も死ぬ』（松永勝彦・著，講談社）『「私が変わります」が地球を守る』（脇本忠明・著，三宝出版）などだが，これらは単に本を提示するだけでなく，タイトルを使って課題設定をしたり，本の中身をそのまま使って授業したりと様々に活用できる。日頃から「これは何かに使えるかも」とひらめくような感性のアンテナを高くはりめぐらせておきたい。　　（櫻井　雅明）

13 「私たちの道徳」を活用する

「生活習慣のチェックリスト」に書き込んで --------------------

「私たちの道徳」の13ページに「生活習慣のチェックリスト」がある。事前に自分のこれまでの生活を振り返り，記入させて，その結果を活用して授業に臨む。

自分の結果を見て，気づいたことを発表し合い，多様な気づきの中から道徳的課題に気づかせ，今日の学習のめあてを主体的に設定することが可能となる。「私たちの道徳」には，読み物教材でないたくさんのページがある。ここでは「調和のある生活」について考える授業になるが，様々な道徳的な価値について活用できる。

書き込み欄や「人物探訪」「メッセージ」を使って… ----------

「私たちの道徳」には，9編の読み物教材の他に，偉人などの生き様を紹介した「人物探訪」や「メッセージ」などのコラムのようなページがある。短い文章なので，導入の時に時間をとって読んだり，予め家庭学習で読んできて，考えたことを発表し合ったりすることもできる。

さらに，自分で書き込む形式になっているページもあるので，自分でチェックしたり，書き込んだりすることで，それを導入時に活用することができる。予習として宿題にすることも可能であろうし，家庭や保護者との連携にもつながる。

文部科学省のホームページからダウンロードすることが可能なので，有効に活用したい。

（櫻井　雅明）

14 ロールプレイング（役割演技）を する

導入

教材提示

話し合い

板書

ノートシート

終末

教員

説話

具体的な場面を想定してロールプレイング ------------------

　具体的な場面を想定して役割を演じて（ロールプレイングして）みることで，子どもは自分自身の問題として深く関わることになり，思考も主体的になる。「相手の立場に立つ」ことを意識しながら取り組むことが重要で，導入段階で演じることで，子どもにこれから学習する教材の内容を理解させたり，道徳的な問題意識を喚起したりするのに有効である。

「演じる」だけでなく，「見る」立場もつくる ------------------

　ロールプレイングでは，当事者となって自分自身が演じてみることも大事だが，見ることも大事である。第三者的に外から見ることによって，道徳的な問題に気づくこともあるからである。２人組や３人組になって，立場を変えながら自分自身が演じてみるという方法が考えられる。さらに，「見る」立場をつくるために，代表者に演じてもらいそれをみんなで見る。また，４人組になって，２人が演じ，２人が見るという形態も考えられる。教材の内容によって，取捨選択するとよい。

　例えば，「銀色のシャープペンシル」（出典：文部省）。ことの発端となった教室での出来事をロールプレイングして，主人公の置かれた状況や登場人物相互の関係性を全員で確認する。

　誰にでも起こり得る状況であり，人間には自分の弱さや醜い行動に対して，うしろめたさや恥ずかしさがあることに気づかせるようにする。そのうえで，「強い生き方とは，どんなふうに生きることだろう」というめあてを設定する。

（櫻井　雅明）

15 メディアから流れる楽曲を活用する

楽曲を聴かせて，歌の世界に引き込む

様々なメディアを通じて配信される楽曲には，大変メッセージ性の強いものがある。聴いている者が感極まって涙するような楽曲を使った授業を紹介する。

歌詞を聴き，イメージをふくらませる

街を歩いていて，流れてくる楽曲にふと足をとめたり，メディアから何気なく流れてくる楽曲に，手を休めて聴き入ってしまったりした経験は，誰にでもあるのではないだろうか。そんな楽曲を利用するのだ。楽曲を聴いていて私たちの心が揺さぶられるのは，もちろんメロディもあるが，歌詞のもつ力が大きい。そこで，歌詞に注意させながら楽曲を聴かせ，子どもたちを一気に歌詞の世界に引き込む。教材の道徳的価値に関連して，導入としてのみ活用する方法が一般的かもしれないが，導入で聴いた楽曲を教材として考えていく授業展開も考えられる。ここでは，後者の例を紹介する。

紹介するのは，親子の関係について考える授業である。1曲を活用して授業をする方法もあれば，複数の楽曲を活用して，様々な親子の在り方を考える授業も構想できる。ちなみに，私が取り上げたことのある楽曲は，GReeeeN「遥か」，海援隊「母に捧げるバラード」，さだまさし「案山子」，う～み「プリン」，かりゆし58「アンマー」，川嶋あい「…ありがとう…」などである。本授業では，教師が集めた楽曲を使用しているが，テーマを決め子どもに集めさせてもよい。日頃から，メッセージ性のある楽曲に出会ったら保存や記録をしておくと便利である。

（櫻井　雅明）

16 体験を活用する

導入

教材
提示

話し
合い

板書

ノート
シート

終末

教具

説話

同じ体験をする　同じ体験を振り返る ------------------

　導入時の10～15分を使い，クラス全員に共通体験をさせる。道徳の時間に子どもたちが自分の体験を振り返る時には，個別の生活体験を振り返ることが多いが，ここでは，授業の冒頭に短時間で共通体験をして授業に臨む。また，学校行事や学年行事など，みんなでやった共通の体験を振り返れば，同じ効果が期待できる。特別活動との連係を意図的・効果的に図りたい。

短時間で行うのがコツ ------------------

　ここでは，車イス体験を紹介する。台数をたくさん準備できれば，2人組で1台が効果的だ。なるべく少人数の方がよい。社会福祉協議会などに協力を依頼するとよい。写真は介護体験のものだが，車イスを使う人の気持ちに気づかせたければ1人で車イスを操作させる。介護する人の気持ちに気づかせたければ，車イスを押させてみる。そして，体験して思ったり感じたりしたこと，気づいたことを発表し合って共有し，学習課題につなげたい。

　導入時の体験は，あまり時間が長くならないよう配慮することが大切であり，「体験」そのものがメインではないことを忘れないようにしたい。

　アイマスク体験（ブラインドウォーク）や高齢者体験，点字体験など，障害者や高齢者に関わる体験活動も有効である。　　　　　　　　　（櫻井　雅明）

17 本物の迫力を「写真」で伝える

　写真を活用することで，生徒に本物の姿を提示できる。本物がもつ力は大きい。授業に臨場感を生み，生徒を教材に集中させる。

　写真を教材とした授業では，教師の思いや生徒の実態に合わせて，写真の背景や考えを深めるための事実を，部分提示することができる。

迫力のある大きな写真で --------------------------------------

　インパクトのある教材提示は，授業づくりで非常に大切になる。写真を活用した授業では，教室の後ろの席からもしっかりと写真が見えるように，大きな写真を掲示したい。大きな写真は家庭用プリンターでも印刷できる。ポスター

印刷という機能で印刷する。これは写真を4分割や，9分割にして印刷する方法である。印刷した4枚ないし9枚の紙を貼り合わせることで大きな写真が完成する。写真の画質があまりよくないものでも，黒板に掲示して少し離れて見ると，通常の写真と遜色なく見える。写真がもつ迫力が生徒に伝わるように，ぜひ，写真の大きさにこだわってほしい。

効果的に写真を提示する ----------------------------------

　この授業では，1994年にピューリッツァー賞を受賞した「ハゲワシと少女」という写真を教材とした。

　小動物をねらうライオンやハゲワシの姿を考えさせながら，ハゲワシがねらう少女を隠して，写真を提示する。ライオンやハゲワシが小動物を獲物としてねらうことを考えることから，この写真のハゲワシが，どんな獲物をねらっているか想像させる。

　有名な写真なので，この写真を知っている生徒もいるかもしれない。知っている生徒には「みんなに教えないでね」と，教師がそっと声をかければよい。インパクトのある教材提示を工夫してほしい。

　授業では，この写真が撮影された背景や撮影時の状況について説明し，少女をすぐに助けずに，カメラのシャッターを押した写真家の行動について賛否を問う。写真に向き合い，ぜひ生徒個々の思いの違いを丁寧に明らかにしてほしい。

　この写真は，生徒が考え議論することができる力ある教材となった。写真を活用することは，本物の姿を生徒の前に提示する有効な手段となる。

（笠井　善亮）

18 大人も考えさせる 「絵本」で考える

　大人が読んでも何か考えさせられるような絵本がある。こうした絵本を道徳の授業で活用したい。教材にしたい絵本には，ページをめくった時に，直感的に感じるものがある。絵と短い言葉から，読み手にストレートに内容を訴えかける。

　読み手が容易に内容理解できる絵本は，道徳授業に適した教材とも言える。ぜひ，教師が生徒とともに思いを深めたい絵本を探し，教材として活用してほしい。

絵本を道徳の教材にするために

　絵本を道徳の教材として活用するには，まず，どのページを使用するのかを内容項目に沿って考える必要がある。全てのページを使用しなくてもよい。内容項目を考えて焦点化しなければならない。

　実際の授業では，読み聞かせの授業のように，教師の声の調子などで，生徒に考えさせたい部分を強調できる。中心場面となるページを一枚絵のように活用して教材提示を工夫することもできる。

絵本で考え議論する

　教材は『おおきな木』（シェル・シルヴァスタイン・作／村上春樹・訳，あすなろ書房）である。賛否両論の絵本としてテレビ番組にも取り上げられたことがある。賛否両論ということは，様々な考え方ができるということでもある。こうした絵本で，教師も生徒と一緒に悩み考える授業を実施したい。

　授業では読み聞かせにより絵本を提示することとなる。その際に，写真のようにイーゼルを活用することもできる。教師は，生徒を絵本の周囲に集め

導入
提示 教材
合い 話し
板書
シート ノート
終末
教具
説話

て読み聞かせを行う。生徒が自由に絵本を手にするためには，グループごとに絵本を読み合える冊数を準備できるとよい。図書室の蔵書などで，教材となる絵本を学級の生徒分用意できると，さらに絵本を活用した道徳授業の可能性を広げることができる。

　授業の中心では，大きな木と少年は，どちらの方が幸せかを考える。教師は，生徒を困らせるように言葉を重ねて，生徒に自分の心と対話させる。なぜそう思うのか。どれくらいそう思うのか。生徒の思いの質的な違いと量的な違いを，丁寧に明らかにしていきたい。教師は次のように生徒を困らせたい。

・ほしいものを全て与えることで，相手を幸せにできるのでしょうか。

・相手からほしいものをもらっているだけで，幸せになれるのでしょうか。

　議論が進んだら，生徒が自分の側から考えていた思いを，相手の側から考えることで気持ちに揺さぶりをかけたい。教師は次のように問いかける。

・相手のことを思うとは，どういうことでしょうか。

・相手に思われるとは，どういうことでしょうか。

　他の人から受けた「思いやり」に対する心の在り方が「感謝」である。「思いやり」と「感謝」は表裏一体である。この授業では，考える方向を逆転させることで，生徒に両方を考えさせた。幸せについて考えることで，その先にある内容項目について，考えを深めることができる。

（笠井　善亮）

19 「音楽」の力で 心に響く授業をつくる

　道徳授業で音楽を活用するにはどんな場面が考えられるだろう。子どもたちがワークシートに記述している際，落ち着いた雰囲気を創り出すために音楽を流せば，集中して自分自身と向き合い，考えを整理させることができそうだ。あるいは，音楽自体を教材として活用し，歌詞の意味を考えたり，歌に込められた思いを探ったりしていく授業も興味深い。様々な趣向を凝らすことで，音楽の力を頼りに子どもたちの心に響く授業を創り出すことが可能となる。ここでは教材提示の際に，音楽を活用するアイデアを紹介したい。

選曲のポイント

　教材提示で音楽を活用する場合，授業のねらいや使用する教材の性質からどんな音楽を選択するか考える。選曲次第で，より深くストーリーに感情移入させたり，教材に描かれた世界観を強くイメージさせたりすることが可能となるため，よく考えて選びたい。３年生で実践した「天使の舞い降りた朝」の授業では，同名の楽曲をインストゥルメンタル（ボーカルなし）で流しながら教材提示を行った。

「天使の舞い降りた朝」の授業
（出典：『自分をのばす』廣済堂あかつき）

　教材は「歌う道徳講師」として活躍されているシンガーソングライター・大野靖之さんをモデルにした物語である。大野さんはアーティストを目指していた高校生の時，乳がんで闘病中だった母親を亡くした。以来，天国の母に聞こえるように，「命」や「家族」をテーマにした歌を歌い続けている。
　実話であるため，教材のもつ力自体も大きいが，音楽を流しながら提示す

ることにより，大野さんが感じた母の愛をより強くイメージできるようになった。教材を読み終わった後，涙を流している子どもも見られた。

「どんな気持ちで大野さんは今，歌を歌っているのだろう」という発問を中心に授業を展開していくと，「天国にいる母に聞こえるように」や「母が自分の中で生きていることを証明するために」などという意見が聞かれた。また，「全国各地の学校を回りながら歌を歌っているのは，家族を大切にというメッセージを伝えたいからだ」ということを述べた生徒もいた。授業の最後に歌詞を示しながら，改めて「天使の舞い降りた朝」（ボーカルあり）を聞かせると，子どもたちは「自分ががんばっている姿を親に見せることで，親孝行をしたい」という気持ちを強くしたようであった。

以下は，授業後の子どもの振り返りである。

> 今日の授業は，話を聞いた時から涙がとまりませんでした。自分はがんになっても，子どものことを心配し，子どものためにがんばろうとする，それが母親なんだと思った。そしてそんな母親のために大野さんはこれからも一生懸命歌を歌っていくと思った。大野さんは天国にいる母親に聞こえるように，自分ががんばっていることで安心してもらうために，歌を歌うんだと思いました。

（鈴木　賢一）

「新聞記事」でリアルな話題を取り上げる

　社会を映し，生身の人間が生き生きと登場する新聞記事は，教科書とは違った視点を与える教材として，子どもたちに迫っていく。国内外の政治や経済の不安，災害やいじめなどの問題が山積する社会で，未知なる課題に立ち向かい，力強く生きぬいていくためのヒントを得られるのが新聞記事を使った道徳授業だ。新聞の一面コラムやスポーツ面，投書欄，広告など，様々な記事から題材を探し，リアルな話題を積極的に取り上げ，活発に意見交換しながら，各々の生き方を考えられる授業を創っていきたい。

新聞記事を道徳の教材として活用するために ------------------

　１つの記事をメイン教材として扱う授業もあれば，導入での話題提供としたり，あるいは終末で説話のかわりに使ったりすることも考えられる。記事の性質や授業のねらい，学級の実態によって，どのようにしたら子どもたちの心に響くか，準備の段階から楽しんで行おう。言うまでもないが，道徳の授業として活用するためには，どの内容項目に焦点を当て，どのような道徳性を伸ばすかを考えなくてはいけない。ただ単に議論が盛り上がって何も学ぶことなく終了してしまわないように配慮する必要がある。

「違反摘発」の授業（出典：『心つないで』教育出版）----------------

　教材は朝日新聞に寄せられた２通の投書である。１つ目は違反摘発を受け，家族の臨終に会えなかったことを悔やむという内容である。警察の「どんな事情があろうと違反は違反だ」という言葉に対し，きまりとは誰のためにあるのか，法とは一体なんなのかを考えさせられる。２つ目は逆に交通事故で家族を亡くした方の投書である。事故を起こせば家族を悲しませる。それは

加害者も被害者も同
じである。きまりを
やぶるということは
そういうことなのだ。
　実際の授業では，
導入でもう1つ新聞
記事を使った。それ
は中日新聞のコラム
で「あいさつを禁止
にしたマンション」

について取り上げたものである。このことに対してどう思うか，子どもたち
に聞くと，「あいさつ禁止がきまりになるなんておかしい」「あいさつはすべ
きだ」という意見の他に，「禁止になるということは，よほど危険なのだろ
う」「きまりには意味があるのだから，あいさつ禁止にもしたがうべき」と
いう意見もあがった。この記事のおかげで「きまりはなんのためにあるの
か」「きまりよりも大事なものがあるのか」というような遵法精神の内容に
焦点が絞られていった。

　ちょうどこの授業を行った際，地元の新聞記者が取材にきており，子ども
たちの意見に対して以下のようなコメントをくださった。

> 　きまりについて，自分だけの見方にとらわれず，時には相手の立場に
> 立って考えたりすると，それがなぜ大切なのかが見えてきます。それと
> 同じように，1つの記事だけを読んでわかったつもりになるのではなく，
> 他の記事と見比べてみたり，友達と意見交換してみたりすることで世の
> 中が見えてきます。これからもいろいろな視点で新聞を読んでください。

　子どもたちにとってきまりに対する見方，考え方を見直す授業となった。

（鈴木　賢一）

導入
提示　教材
合い　話し
板書
ノート　シート
終末
教具
説話

21 「統計資料」の数字を比べる

　統計資料の数字により，様々なものを比較することができる。比較することは，我々が何かを決定するための判断材料となる。また統計資料では，数字と単位を揃えることで，言語が違う国同士を比較して量的な違いを明らかにできる。今と昔など年代が違っても比較することができる。様々な表やグラフなどの統計資料は，道徳教材として活用できるものとなる。

統計資料を教材にするために

　日本と他国の違いを統計資料を使用して明らかにする。そのために統計資料を眺めて，自分の国と違う部分がクローズアップされるように比較できる項目を考える。今回，授業で取り上げた教材「夢のお国」（出典：『最新の教育課題を取り入れた中学校道徳「自作資料集」No.2』笠井善亮・編著，明治図書）では，「5歳未満児死亡率」「きれいな水を使える割合」「成人識字率」「小学校への通学率」「1日1ドル以下で生活する人の割合」「健康に生活できる寿命」を取り上げた。こうした統計資料を提示することで，生徒は日本に暮らしている我々がいかに恵まれているかということに気づくことができる。

　授業のねらいに沿って比較する項目を選び，統計資料を教材とする。

統計資料を授業に生かす

　授業で統計資料を提示する。アフリカのシエラレオネと日本の比較である。それぞれの項目の数字を隠して順番に提示する。「1日1ドル以下で生活する人の割合」を提示すると，生徒から驚きの声がもれる。1ドルがいくらか考えさせ，自分たちの暮らしと比較させると，生徒は具体的なイメージをも

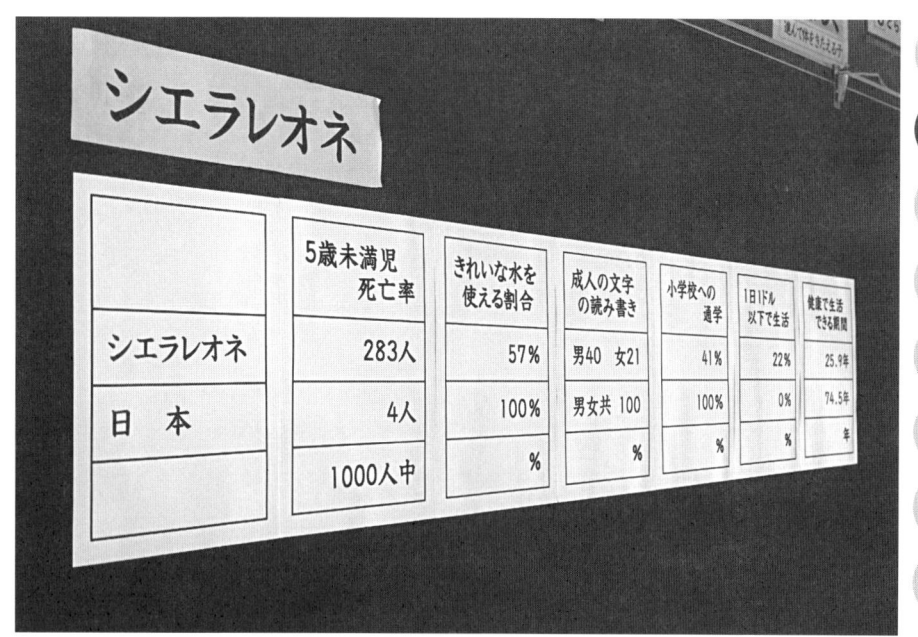

導入

提示 教材

話し合い

板書

ノート シート

終末

教具

説話

つことができる。統計資料には，こうした生徒が驚きを感じるような項目を盛り込みたい。また，統計資料は，調査が行われるたびに新しい数字に更新されることを意識する必要がある。授業では，最新の数字を示せるように調べておきたい。

　生徒は，この統計資料により，いかに自分たちが恵まれているかという思いを強める。自分たちは恵まれているという思いを強めた後，私たちがシエラレオネに何をしてあげることができるかを考える。

　生徒の議論を進めた後，新たな資料として，国境なき医師団の山本敏晴さんの「ボランティアとは，未来へずっと続けていけること。そして，現地の文化を尊重し，彼らと対等の立場でものを考えること」という考えを提示する。多くの生徒は，恵まれている自分たちが何かしてあげようと考えている。この言葉で生徒の心は大きく揺さぶられることとなる。

　統計資料は，この授業で重要な役割を果たすものとなっている。

（笠井　善亮）

「絵」で授業のヤマ場をつくる

　絵を活用することにより，教材の内容を生徒がイメージしやすくなる。また，生徒の考えを深めたい箇所を絵にすることにより，授業のポイントを明確に示すことができる。

　教材を視覚化することは，読み物教材の内容把握が苦手な生徒にとって効果的な方法である。視覚化により，短時間で多くの情報を生徒に伝えることができる。効果的な絵を活用し，道徳の授業で生徒の心に大きな揺さぶりをかけてほしい。

生徒の実態に合わせた絵の準備を

　すでにある絵を活用する方法もある。絵と読み物教材を組み合わせて授業を行うこともできる。生徒の実態に応じて，生徒がイメージしやすいものを準備することもできる。絵の上手な先生や，美術の先生にお願いして，絵を作成することも可能である。

イメージをふくらませる効果的な絵の提示を

　授業は，小学生を対象として作成された「お母さん，産んでくれてありがとう」（出典：『「いじめ」の授業―道徳自作資料集―』大江浩光・著，明治図書）という教材によるものである。教材として，出産前の不安な表情の女性と出産後の赤ちゃんをうれしそうに抱いている女性の2枚のイラストが準備されている。より生徒が実感をもてる授業となるように2枚のイラストを油絵風の絵にアレンジした。

　授業では，まず出産前の不安な表情の女性の絵を提示する。次に，この女性は出産すると自分の命が危ないと医師に伝えられたが，出産を決意したと

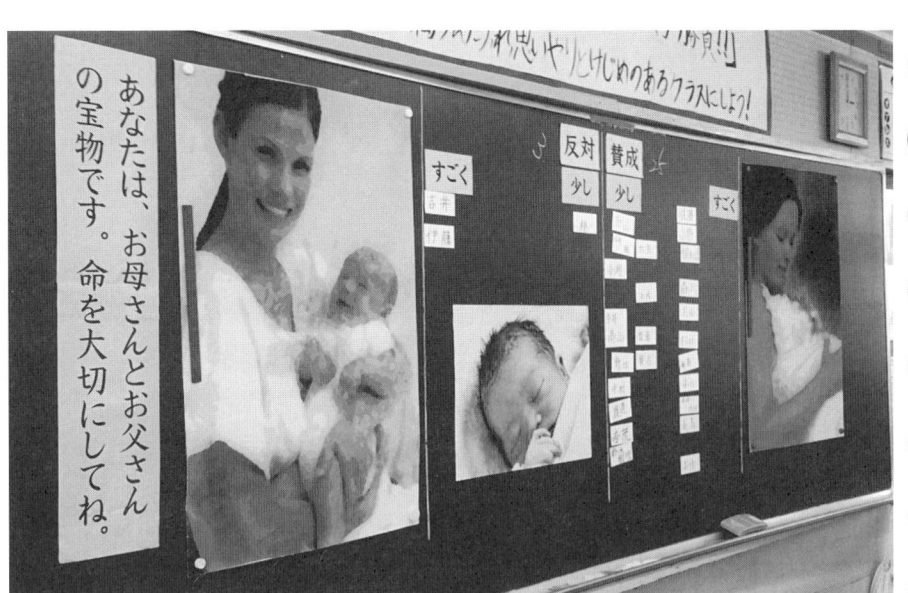

いう状況を説明する。生徒が考え，議論するのは，この女性が出産を決意したことの賛否である。

　生徒の議論が進んだ後，2枚目の絵を提示する。2枚目の絵は，この女性が出産して赤ちゃんを抱いたうれしそうな表情のものである。この絵が提示されると，歓喜の声をあげる生徒がいる。この絵を見た瞬間に，どういう状況なのかが伝わっているのだ。視覚化の大きな力である。

　生徒の喜びが一段落した後，教師は，出産の影響でこの女性は亡くなり，この赤ちゃんに母親が一通の手紙を残したことを伝える。その後，手紙を黒板に掲示すると教室は静けさに包まれる。手紙には「あなたは私たちの宝物です。命を大切にしてね」と書かれている。

　視覚化により，多くの文字で説明しなければわからない状況を一瞬で伝えることができる。教材の内容理解に時間をかけずに，考え，議論する時間を十分に確保することができる。絵の活用は，道徳授業における有効な手段のひとつとなる。

（笠井　善亮）

23 教材理解を「道具」で深める

　生徒が実感をもって感じることができるように，道具を活用する方法がある。生徒が実際に手をふれることにより，感触や重さなど様々なことを感じることができる。この体験は，学習内容をイメージしやすくする。

　道徳の教科化により，以前より体験的な学習を柔軟に計画することができるようになった。ぜひ，教材の理解に必要な道具を活用した体験的な学習に取り組んでほしい。

赤ちゃん人形で生命の重さを感じる ----------------------------

　各地域にある保健センターなどは，母親学級や両親学級で使用する赤ちゃん人形を所有している。この赤ちゃん人形を借用して実施する体験的な学習を授業に取り入れた。赤ちゃん人形は新生児の平均体重である3000グラムでつくられている。首のすわっていない赤ちゃんのように，頭がグラグラしている。この赤ちゃん人形を，大切に生徒に手渡す。首の後ろに手のひらを添えて，やさしく抱きかかえることを教える。生徒は笑みを浮かべながら少し緊張して赤ちゃん人形を抱く。そして，本当の赤ちゃんのように細心の注意をはらって，他の生徒に順番に手渡され，抱きかかえられていく。

　この体験は，赤ちゃんのずっしりした重さと不安定さを感じることができるものとなる。

体験を教材の理解に生かす ------------------------------------

　赤ちゃん人形を抱く体験的な学習で，生徒は様々な思いを感じる。しかし，生徒によって感じ方は違う。それぞれの思いを振り返り，わかち合っただけでは，生徒の思いを拡散させるだけとなってしまう。そこで，体験的な活動で教師が意図的に働きかけ，道徳的な価値の自覚を図れるようにすることが大切となる。

　この体験では，生徒は不安いっぱいで赤ちゃん人形を抱きながら，自分の予想と違う驚きと，少し照れくさい気持ちを味わっている。体験は生徒に新鮮な感動をもたらしている。赤ちゃん人形の体験で，生徒がそれぞれの思いを抱いた後，「母親の出産時の気持ちが書かれた日記」（自作）を教材とし，出産した母親の思いにふれる。生徒は，母親の思いを，自分が抱いた

> 9月12日
>
> あなたは今ここにいます。
> 私のそばですやすや眠っています。
> つい何時間か前まで，あなたは私のお腹の中にいました。
> 今，ここにいるなんて，何か不思議な気がします。
> お腹の中のあなたに，何度も話しかけた声は聞こえていましたか。
> お腹が大きくなってきて，うれしくて話しかけた声。
> 私が風邪をひいてしまった時，お腹のあなたが心配で話しかけた声。
> 名前を考えて，あなたに相談した声。
> だいぶたって，あなたは私のお腹を蹴るようになりました。
> 少し痛いけど「元気に育っている」と思ってうれしくなりました。
> お腹をさすりながら「早く会いたい」と何度も話しかけました。
> 話しかけると，あなたがお腹を蹴り返してきたこともありました。
> 覚えていますか……。
> 今日，あなたは産まれました。
> あなたは私の目の前で「オギャー，オギャー」と大きな声で泣き始めました。
> その声を聴くと自然に涙が流れてきました。
> うれしいとは少し違う気持ちです。
> 無事に産まれて本当によかったと，ホッとした気持ちでいっぱいです。
> あなたは10か月も私のお腹の中にいたのです。
> 私の赤ちゃんです。
> あなたが産まれた時の声，忘れません。

「母親の出産時の気持ちが書かれた日記」

赤ちゃん人形の体験と重ねて考えることとなる。この授業のメインは，かけがえのない命や家族の思いを考えるこの部分である。

　生命を考える授業では，教師の姿勢が大切となる。教師は，赤ちゃん人形を「物」としないように，絶対に机の上には置かせない。そうした思いは生徒に伝わる。ふざける雰囲気にさせない教師の心意気が大切となる。

　様々な道具を用いた体験活動のポイントは，教材の理解にいかに生かすかという点である。　　　　　　　　　　　　　　　　　　　　（笠井　善亮）

24 「ゲストティーチャー」を 生かせる授業者になる

　ゲストティーチャーは，その人自身の生き様を語っていただくためにお招きすることが多い。ゲストティーチャーの話そのものを教材にしたり，授業で取り扱う教材に関わる内容や思いについて，直接話を聞いたりすることになる。ここでは，ゲストティーチャーを，生徒の疑問を解決するために活用する方法を紹介する。教師が生徒の疑問をもとに授業を組み立て，ゲストティーチャーには，生徒が知らない事実や思いを真実として言葉にしてもらう。ゲストティーチャーの言葉を，リアリティのある言葉として生徒に届くものとする。

ゲストティーチャーを授業に生かすために --------------------

　ゲストティーチャーは，生徒が知らない事実を提示することができる。生徒は，その思いにふれることにより自分の考えを深めることができる。

　ただし，忘れてはいけないのは，授業者は教師であるということだ。授業のねらいに迫るためには，生徒の反応を大切にしながら，常に授業の主導権を教師が握る必要がある。一定の時間をゲストティーチャーにお願いするのではなく，ゲストティーチャーには，授業のねらいに直結する当事者の声という役割を担ってもらう。このことによりゲストティーチャーの言葉は，教師の言葉の何倍ものリアリティと切実感をもって，生徒に届くものとなる。

生徒の思考に沿ってゲストティーチャーとともに授業を創る --

　授業は「母親の思いにふれる」ことをねらいとする。妊婦さんと，生徒の医学的な質問にも答えられるように，地域の保健センターの保健師の方にゲストティーチャーを依頼した。こうした授業は単独で実施するのでは効果が

導入

教材
提示

話し
合い

板書

ノート
シート

終末

教員

説話

薄い。50ページや52ページのような，母親の思いを想像する道徳授業や他教科の学習と関連づけながら実施したい。

　妊婦さんには出産に関わる母親の思いを語っていただく。生徒は自分が想像していた母親の思いを，妊婦さんの言葉と重ね合わせながら考えを深める。教師がインタビュアーとなり，生徒の質問に妊婦さんが答えるかたちで授業を進める。一問一答のみで授業が流れないように，母親の思いにふれることができる内容を，エピソードとして語っていただく。生徒には母子に関わる疑問をあげてもらい，妊婦さんに事前にお渡しする。当然なことであるが，こうした事前の打ち合わせが必要である。授業の中心は，母子についての医学的な疑問の解消ではなく，母親の思いを感じることである。

　右の写真は，聴診器を使用して，お腹の赤ちゃんの心音を聴かせている場面である。こうしたことも条件が揃えば実現できる。

　教師がねらいに迫る言葉をゲストティーチャーの口から引き出すことがポイントとなる。教師がゲストティーチャーとともに授業を創ることで，かけがえのない生命について生徒が実感をもてる授業を構想できる。

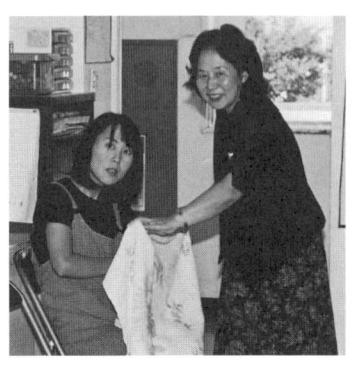

（笠井　善亮）

25 「語り聞かせ」で 教材の世界にひたる

　読み物教材を扱う際，作者がこだわりぬいた表現や語句をじっくり味わいながら読み深めていくことは大切だ。しかし，子どもたちの読解力や国語力によって理解に差が生まれると，全員の意見を生かした活発で学びがいのある授業とはなりにくい。また，解説や補足を多く要する場合，ねらいとする価値に十分行きつかず時間ぎれになってしまうことも少なくない。そうならないためにも，教師の語り聞かせで，一度に全員を中心価値における話し合いのステージに乗せよう。

臨場感を生む語り ---

　教師は場面絵やフラッシュカードなどで重要なポイントを押さえながら，常に子どもたちの顔を見ながら語る。子どもたちは耳で聞きながらも，教師の表情や仕草から行間を読み取り，知らず知らずのうちに教材の世界に引き込まれていく。自分事として考えやすくなるのが大きな利点であろう。

　また，ねらいの達成に向けて必要な部分を補ったり，逆に削除したり，わかりやすく修正したりするなど，教材提示が自由自在にできるのもよい。臨場感を生む語りで，「読み取り道徳」から「考え，議論する道徳」への転換を図ろう。

「星への手紙」の授業（出典：『明るい人生』愛知県教育振興会）------

　筋ジストロフィーという病を発症した少年が，病院のベッドで寝たきりとなり，一切ものを食べない，飲まないと決意するも，家族や医師，看護師たちのおかげで生きることの意味を捉え直すという内容である。1年生で実践した時の様子を紹介したい。

　語り聞かせによって，小学校4年生で病にかかった少年の，つらく苦しい気持ちに深く共感させることから始めた。風呂もトイレも何ひとつ自分の力でできない恥ずかしさと悔しさを痛いほど理解することができた。そんな少年が母の用意した栄養たっぷりのあたたかいスープを飲み，大粒の涙を流して喜ぶ姿を見て「生きることに対する考えがどう変わったのか」と聞いた。「自分も誰かの役に立つことができることがわかった」「生きることに対する希望がもてるようになった」「自分のことだけでなく，周りのことも考えて生きていかなくてはならないと思うようになった」など，実に様々な意見が出た。どれも前向きに力強く生きていこうとする気持ちの表れであり，自分の今後の人生に生かしていけそうな大切な考え方をみんなで見つけ出すことができた。

　以下は，授業の最後に子どもが書いた振り返りである。

　今までは自分だけで生きていると思っていたけど，自分が生きることによって周りに勇気や希望を与えたり，喜ばせたりすることができることがわかった。自分の命は自分だけのものではないと思った。これからは自分を支えてくれる人のためにも毎日を一生懸命生きようと思った。

　自分自身の生き方，命に対する考え方にも変化が見られた授業となった。

（鈴木　賢一）

「大型テレビ」で 一体感のある雰囲気をつくる

映像教材を扱う場合はもちろん，様々な ICT 機器と併用して教材をダイナミックに提示できるのが大型テレビの魅力だ。スクリーンやプロジェクターなど重たい機材を準備する手間もなく，大きな画面に子どもたちの視線がくぎづけになり，一体感のある雰囲気がつくりやすい。教材の内容理解も容易になり，全員参加の白熱授業を生み出すことが可能となる。

おすすめ映像教材

NHK for School は，それぞれの番組が10分という短い時間で構成されており，その後の話し合いにも十分時間を費やすことができる。また，ストーリーも簡潔なものが多く，ねらいとする価値に迫りやすい。小学校高学年から中学生に適している番組を2つ紹介したい。

「オン・マイ・ウェイ」は困難に立ち向かう挑戦者たちが人生の途中で何を考え，どう行動したのかを追ったドキュメンタリーである。子どもたちが未来を切り拓くためのヒントを探していく授業展開が可能となる。

「ココロ部！」は，現実の生活で起こりそうな葛藤場面が設定されており，自分事として考えたうえで白熱した議論が展開されやすい。ここでは，第3回の「ダンスパートナーはだれと？」を視聴して実践した授業を紹介したい。

「ダンスパートナーはだれと？」の授業
（出典：「ココロ部！」）

教材のあらすじは，競技ダンスの選手であるワタベが，小学生の頃からのパートナーであるエリカと組むか，イギリスでダンスを学んだ凄腕のダンサー・ナツコと組むかで悩むというものである。子どもの頃から一緒に夢を追

ってきたエリカと大会に出場するか，優勝の可能性が高いナツコと組むか，ワタベは揺れる。そんなワタベに共感しながら，「夢や目標を達成するために必要なものはなんだろう」というテーマを設定し，授業を行った。

　実際の授業では，「夢や目標を達成するためにパートナーは大切だが，そのためのパートナーを選ぶことが重要なのではない」といった意見が大きく授業を動かした。つまり，パートナーによって夢や目標が達成されるかどうかが変わるという他力本願な考えに納得がいかないというのである。なによりも自分自身の努力，そしてどんなパートナーであれ，信頼し合って互いに力を存分に発揮すること。そのことにつきるというのが話し合いの中で見つけたクラスみんなの納得解であった。

　以下は，授業後の子どもの振り返りである。

　僕は最初，優勝するためにはナツコと組むべきと思っていました。でも，ナツコと組んで優勝したとしても本当にうれしいのかと考えたら，やはりエリカと組んだ方がいいと思うようになりました。しかし，そもそもどちらかを選ぶ前に，自分はどうなんだという意見にすごく刺激を受けました。ナツコがいい，エリカがいいと言う前に，自分が誰よりも優勝を目指して努力することが一番大事ということに気づきました。

（鈴木　賢一）

27 「電子黒板」で補足資料もらくらく提示する

　現在多くの学校に導入されている電子黒板。様々な ICT 機器と組み合わせて活用することで，メイン教材はもちろん，補足資料として写真や動画，イラストなどを幅広く提示することができる。視覚的支援として内容の理解を促したり，想像をふくらませ，豊かな発想を引き出したりすることが可能となる。また，拡大や縮小を自由自在に行ったり，ペンを使って直接書き込んだりと，使い方をマスターすれば，子どもの興味・関心を引き，活気ある授業を創り出すことができる。

「和田真由美さんの手記」の授業
（出典：『キラリ☆道徳』正進社）

　骨髄性白血病という難病を克服した和田真由美さん。彼女の実体験が描かれた教材を使って３年生に行った授業を紹介したい。授業のねらいは「和田さんの闘病生活や退院後の活動を知り，生きる意味について深く考える」であったが，普段健康な中学生にとっては命のありがたみや病気の苦しみなどを想像することは難しい。そこで教材を読む前に，電子黒板を使って和田さんのインタビュー動画を見せたり，骨髄バンクのマークやドナーカードの写真を見せたりするなどの工夫を試みた。

自分の使命を感じ，強く生きていく

　和田さんはつらい治療を受けている最中に，無菌室で受け取った１通の手紙から生きる勇気をもらい，自分の使命を感じ，強く生きていこうと決意する。退院後，白血病と闘っている患者さんや家族の相談にのる団体を立ち上げ，医療者を交えて交流会を開催している。実際の授業では，和田さんの生

き方のキーワードとなる「命を使う＝使命」を使って「自分の使命とはどんなものか」ということを中心課題とした。生徒たちは「自分の命をどう使うことが大切か」について，一人一人真剣に考えた。

以下は授業後に子どもが書いた振り返りの一部である。

> 私は授業で「多くの人に自分の考えを話すことで，（世の中の）間違った意見を正しい意見へと，時間がかかってもいいから変え，広めていくことが自分の使命」と答えましたが，なんだかそれだけでは誰でもできるような気がしてなりません。私はやっぱり将来医療系の道へ進もうと思っているので，そこで患者さんたちの思い，社会の中での誤った認識を正しく変えて，世の中へ広めていきたいと思いました。和田さんが患者会の人々のために命を使っている人生のように，私も患者さんやその家族のために自分の命を使う人生にしていきたいです。

1時間の授業中に自分なりの納得解を見つけ出すことができる子どもは少なかったが，休み時間になっても友達と語り合っている様子が見られたり，家に帰ってから家族と話題にしたりする者もいた。電子黒板を使って様々な資料を提示したおかげで，白血病や骨髄移植の知識を補い，和田さんの考えや思いを深く感じ取らせた成果であろう。　　　　　　　　　　　（鈴木　賢一）

28 「実物投影機」で見せる・魅せる

「道徳の授業で絵本を見せたい」「子どもが書いたワークシートをみんなに紹介したい」。そんな時に使えるアイテムが実物投影機だ。著作権法によって複写が禁じられているもの，複写の量が膨大になってしま 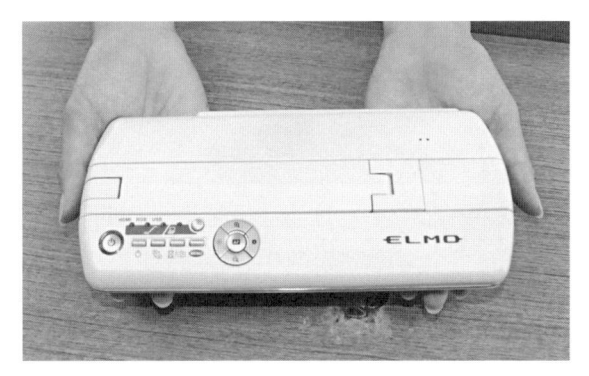 うものを扱う際，実物投影機が大いに活躍する。最近は小型化，軽量化が進み，持ち運びも大変便利だ。準備は楽に，しかし授業はダイナミックに創造できるのが魅力である。

絵本にかぎらず，手紙や写真，パンフレットなど幅広く使える --

教材提示のインパクトが強ければ強いほど，子どもの関心は高まり，興味を引くことができる。実物を見せる衝撃は，強い動機となって学ぶ意欲を駆り立てる。ここでは，手塚治虫のマンガ『ブラック・ジャック』から，「ふたりの黒い医者」という場面を，実物投影機を使ってマンガを映しながら行った授業を紹介したい。

「ブラック・ジャック　ふたりの黒い医者」の授業
（出典：『かけがえのないきみだから』学研）

教材は主人公ブラック・ジャックとそのライバル，ドクター・キリコが登場する場面である。どんな人の命も助ける天才外科医ブラック・ジャックと，

人を苦しみから救うために安楽死させるドクター・キリコ。2人の命に対する考え方は180度異なる。その違いを明らかにしながら，教材を提示していった。

　実物投影機から大型テレビに映し出されたマンガを見ながら，セリフを読み進めていった。夢中になって画面に引き込まれている生徒たちの様子が見られた。ブラック・ジャックとドクター・キリコ，それぞれの考え方や立場の相違を理解したうえで，問題となる場面について考えた。それはブラック・ジャックが助けた患者がトラック事故によって亡くなってしまう場面である。無念さを押し殺すようにブラック・ジャックは最後に次のように叫ぶ。

　「それでも私は人を助ける。自分が生きるために」

　授業では，ブラック・ジャックが叫んだこの言葉の意味を追求していった。すると，あるひとりの生徒が「ブラック・ジャックは自分が人の命を救うことで，自分の命も救われると考えているのではないか」という意見を述べた。ここから「自分の命はそれだけで存在しているのではない」「命はみんなつながっている」という考えが次々と生まれていった。

　命の連続性について，深く考えることのできた授業となった。

（鈴木　賢一）

 29 発問を工夫する

発問で授業が変わる ------------------------------------

　「考え，議論する」には発問が大切である。主人公の気持ちを考えるだけでなく，いろいろなバリエーションの発問をすることによって，多面的・多角的に捉え，思考を深めることができる。また，中心発問は授業の大きなねらいに迫るものとして大切にしたい。

中心発問を最大限に生かすために ------------------------------

　今まで，「自分だったらどうしますか」という発問はしてはいけないと教えられてきた先生が多いのではないだろうか。しかし，問題や課題を解決したり，未知の出来事に対処したりする力を養うには，大いに「あなただったら？」と聞いてみるべきである。対立する行為や価値に対して「あなただったらどうするか？」と選択を迫られた時，生徒は問題を自分事として考えるので，考えやすくなり，話し合いも活発になる。あわせて，「どうして？」「なぜ？」と問うことも効果的である。もちろん自由に自分のことを話せる学級づくりが基本であることは言うまでもない。下の表は授業の大きなねらいに迫るための発問の構成である。中心発問は大切だが，それが授業の終わりではなく，さらに大きなねらいに迫り共通解の紡ぎへと向かうのである。

大きなねらいに迫る問い	教材「カーテンの向こう」 授業の大きなねらい：愛について考える「愛って何？」 中心発問：ヤコブはどうしてうそをつき続けたのか
中心発問に迫る問い	学習課題：あなたがヤコブだったらどうするか

（若林　尚子）

30 話し合いを始める前の準備を行う

どうして話し合うのか？ --

　ひとりで考えるのには限界がある。異なる意見に出会うためには話し合いが必要である。他者との対話を通して，自己内対話も深まっていく。話し合いを通して，気づいたり出会ったりした事柄が個々の生徒の内で振り返られ，意義や意味が深められていく。まさに，主体的・対話的で深い学びには欠かせないのである。

課題や問題を解決する効果的な話し合いにするために ---------

　話し合いとは，単に自分の考えを発表することではない。他者の意見と自分の意見をすり合わせその違いを探り，課題や問題の解決をともに行い，問題となっている事柄の原因や理由をクラスの仲間と理にかなった筋道にしたがって追求し合うことである。そこで，

> ①誰も自分の発言をじゃまされない。
> ②意見は必ず理由をつけて言う。
> ③他の人の意見には，理由をつけて賛成か反対かの態度を表明する。
> ④理由が納得できたらその意見は正しいと認める。
> ⑤意見を変えることができる。ただし，その理由を言う。
> ⑥みんなが納得できる理由をもつ意見は，みんなそれにしたがわなければならない。
>
> 渡邉満先生（兵庫教育大学名誉教授，広島文化学園大学教授）提唱

右のようなルールを示すことが必要と考える。自己の生き方を深く見つめる時，そこには必ず理由がある。その意見に対して判断する時には賛成・反対ともに判断の理由が重要である。また，多面的・多角的な観点で話し合うにもこのようなルールが必要である。多様な価値観や意見をもつ生徒たちが問題を解決し，誰もが大切にしたい共通解を紡ぐ過程には論理的な話し合いが必要である。

（若林　尚子）

31 ホワイトボードを使って 話し合いを深める

ホワイトボードで集中した話し合いに ·····························

　話し合いの際，発言者が変わるたびに視線が動き集中力がなくなったり，議論がそれてしまったりする場面は多いのではないか。小グループでの話し合いで，ホワイトボードを使い意見を可視化することで意見交換が活発になり，論点もそれず，集中した中身の濃い話し合いが可能になる。

小グループからクラス全体で共通解の紡ぎへ ·················

　問題解決的な授業において，生徒は他者と意見をすり合わせながら課題を解決し，授業の大きなねらいに迫っていく。問題解決の方法は，具体的な方法を考えたり，共有可能な考え方や思いを見つけたりと様々であるが，まず小グループ内で意見や具体的な解決策や吟味した意見を書き込み，各班のホワイトボードを黒板に並べる。全グループのホワイトボードをクラス全体で共有することで，クラスの共通の思いや，問題を解決していく中で

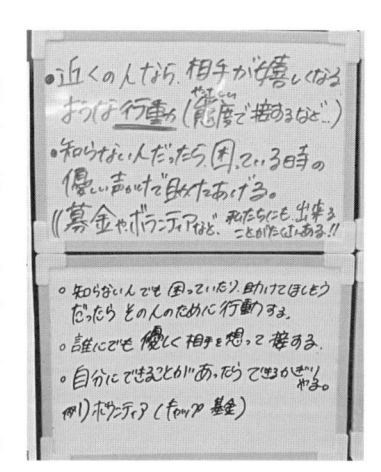

大切にしたい思いなどが自然と見て取れるのである。同じ思いや意見はクラスの共通解となり，なるほどと思わせる意見は全体で話し合い，納得できればそれもまたクラスの共通解となる。意見が可視化されるホワイトボードは他者との対話を深め，自己内対話を繰り返し，自分の価値観を新しいものにつくり変えながら共通解を紡ぎ出すと考える。

（若林　尚子）

32 賛成・反対に分かれて議論する

話し合いから議論へ

　小グループやクラス全体での話し合いに慣れてきたら，議論をしてみよう。道徳科における議論は相手を論破するものではない。賛成・反対に分かれて議論することは，多面的・多角的に問題を捉え，考えを認め合ったり，磨き合ったりしながら問題を解決に導くと考える。

AかBかとことん討論しよう

　問題解決的な授業のパターンのひとつとして，教材の中の主人公が直面している問題を取り上げ，主人公はどうしたらよいか，または，あなただったらどうするかを考える。例えば，「明かりの下の燭台」で主人公はどうしたらよいのかという問題に対して，マネージャーになるのを断るか，引き受けるかを判断し，向かい合わせの席で議論する。議論で大切なのは，理由（根拠）を明確にし，その理由を支える道徳的価値のどちらがより優先されるべきか，なぜそれが大切なのかを考えることである。議論をつくしても結論が出ないことも多々あるが，お互いの意見に納得できる部分は多い。それは共通に大切に思う共通解であり，大きなねらいに結びついていく。また，すぐに第3の案を求めるのではなく，AかBかを追求していくことで，共通する思いに気づき，大切にしたいことを共有することが大切である。

（若林　尚子）

 33 心情メーターで自分と向き合う

２択の間の「もやもや」を表現させる ------------------------------

　自分の立場を明確にすることは，話し合いをするうえで大切だが，はっきりとどちらかに決めかねるような話題を扱う，もしくは，あえてもやもやする気持ちと向き合わせたい場合に活用できるツールを紹介したい。

「幅」の中で自分の気持ちと向き合わせる ----------------------

　話し合いの事前と事後で，自分の気持ちがどう変化したかを見るこ

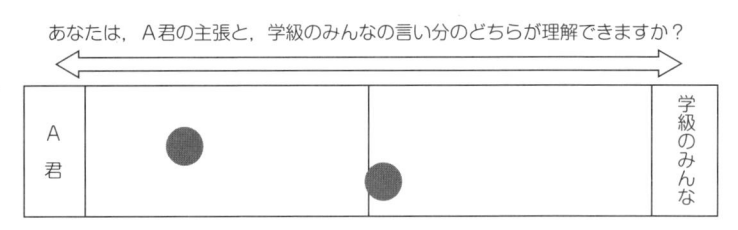

とができるツールである。単純な２択ではなく，選択肢の間に幅があることがポイント。「どちらかと言えば……」と決めかねるような教材の場合に効果的だ。「クラスメイトの言い分もわかるけれど，自分はＡ君に近いかなぁ」「悩むけれど自分はそれに賛成する」など，子どもたちは，この幅の中のどこに自分の気持ちを置くかをミリ単位で真剣に悩む。自分の選択の裏側にある複雑な気持ちと向き合わせることができる。

　その後，黒板にも同じものを貼り，学級全体で集約してから話し合いを始めたい。同じ選択の中にも様々な気持ちが存在することが一目でわかる。その際は自分の名前を書いたプレートや付箋を使用するとよい。

　話し合い後，再度心情メーターに記入させて集約すると，お互いの気持ちの変化を共有することができる。

（及川　仁美）

 34 付箋を使って
ワークショップ型議論を行う

付箋に書かせて議論にもち込む

　個の意見を学習シートのかわりに付箋に記入させ，「書いたものをそのまま議論に使用」することで議論の活性化をねらう方法である。参加意識をもたせ，意見をもつことへの積極性を高める効果も期待できる。

意見を可視化し，積極的な交流へ

　議題は「賛成⇔反対」などの対立軸があるものが扱いやすい。選んだ理由を付箋に書かせ，出された意見を黒板上でグルーピングしていく。意見が見えることで議論の中で

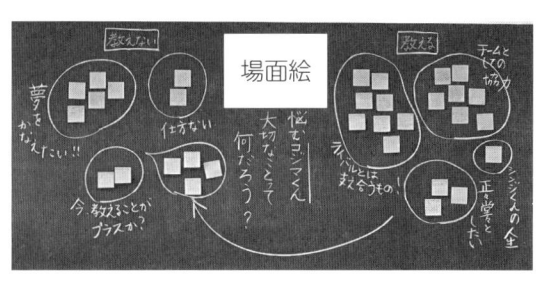

の自分の立ち位置がわかり，より考えを深めることができる。全体の意見を掌握できるので，教師が意図的に指名したり論を展開したりすることも可能である。また，意見交換を経て考えを変えたり，新たな意見を述べたりといった展開もよく見えるため，議論の全体像を共有しやすい。

　付箋は，立場によって色を変えたり（青とピンクなどコントラストがはっきりした色がよい），学年や使う枚数に応じて大きさを工夫したりしたい。7.5センチ×7.5センチ程度が扱いやすい。また，先にグループ交流を行ってから全体交流へつなげるというバリエーションも考えられるだろう。議題や発達段階，学級の状況に応じて工夫して行いたい。

（及川　仁美）

 付箋を使って 主人公へのアドバイスを行う

付箋に書かせて議論にもち込む ----------------------------------

これも，「付箋に書いたものをそのまま議論にもち込む」ことをねらった方法である。付箋に書いて貼ることで，全体の意見が可視化されてわかりやすくなり，級友の意見に対する興味・関心の高まりも期待できる。

主人公にアドバイスするつもりで書く -------------------------

中学生にとって「友情」や「いじめ」は，建前が先に立ってしまい本音を出しづらいテーマだろう。しかし，あえて主人公に同化させず，一歩引いた立場に立たせて登場人物にアドバイスをするというかたちにすると本音を引き出しやすくなる場合がある。

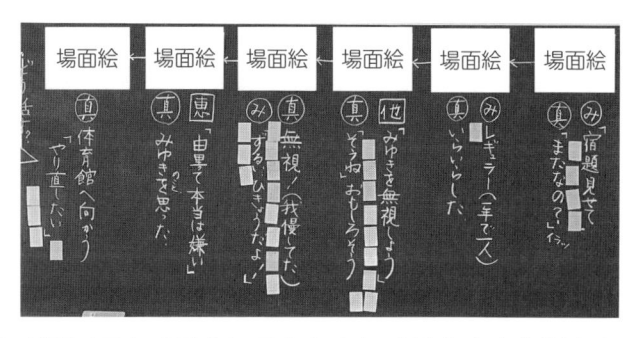

写真は，女子の友人トラブルを扱った教材で，どの場面に言動を変えるチャンスがあったかについて意見交換を行ったものだ。ポイントとなる場面絵とセリフを板書したところに，アドバイスを書いた付箋を貼り発表させる。違う場面への意見を聞いたり疑問点を質問し合ったりする中で，自分たちの今後に生かせる具体的な話し合いをすることができた。

主人公の行動にいくつかの段階があったり，複数の場面で構成されていたりする教材で，話し合いを深める場合に活用してみてほしい。　（及川　仁美）

36 役割演技で臨場感を出す

様々な活用ができる役割演技 --------------------------------

物語に深く入り込ませたり，立場を明確にさせたりと，役割演技は授業の様々な場面で活用できるが，ここでは話し合い活動を活性化するための活用の仕方を紹介したい。

やりとりの中で本音が引き出されていく --------------------

教材文に書かれていない人物の気持ちや，行動の理由などを考えて発表する際，「〜という気持ちだと思います」と述べるよりも，その人物になりきって考えたセリフを語らせる方が臨場感がある。一言目は内容が不十分なことも多いので，相手をする教師が適切な

切り返しをすることで，さらに深い気持ちを引き出すように心がけたい。また，そうして出された意見には生の強さがあり，子どもたちは真剣に受けとめるので，その後の話し合いが充実したものになることが期待できる。

「教師⇔子ども」に慣れてきたら，「子ども⇔子ども」のやりとりができればさらにおもしろくなる。ぜひそれができる子どもたちに育てていきたいものである。その際は，自分自身の思いを素直に吐露しながらも，登場人物の人物像からあまりにもかけ離れた発言にならないように，しっかりと立場を確認してから行うことがポイントとなる。

（及川　仁美）

37 予定調和を壊す 追加資料を活用する

きれいに進む話し合いの落とし穴 -------------------------------

　授業が予定通りに流れていくとほっとする反面，子どもたちの本音を引き出せていないと感じることがある。

　そんな，中学生にありがちな「予定調和」に踏み込む資料を準備しておくと，話し合いを深く掘り下げることができる。

思わず本気で悩むような「一押し」を -------------------------------

　いじめや友情，学級の協力などの議論で陥りがちなのが，子どもたちは正しいことを言っているけれど本音は聞こえてこない，という状況だ。

　そんな時，議論に一石を投じるような追加資料を準備できるとおもしろい。例えば，「いじめはやめよう」とまとまりかけたところへ「大人はきれいごとばかり。そんなんでいじめはなくならない」という小学生

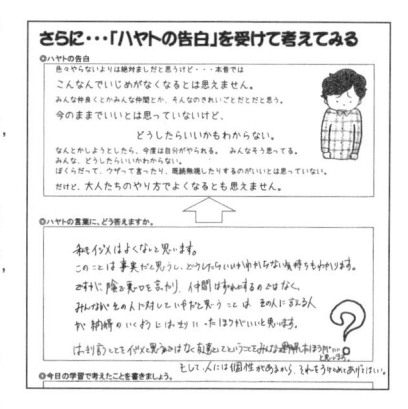

の意見を読ませ，どう返答するかを問う。「環境のために空き缶を拾う」という議論に対して，日本のリサイクルと海外におけるデポジットの状況を示して再考させる。あるいは，「途上国への支援の重要性」を考える時に「支援という名の依存の現実」という記事を読ませて，より望ましい支援について意見交換させるなど，安易な議論に満足せず，子どもたちが思わず本気で悩み，深く考えてしまうような「一押し」を工夫してみたい。　（及川　仁美）

38 イラストで表現して意見交換する

思いを「言葉」以外で表現する

　話し合いは，必ずしも「言葉」のみで成立するものではない。時には，自分が感じたことを様々な方法で表現し，それに対する意見交換を行うことがあってもよいだろう。ここでは，イラストを使った方法を紹介したい。

イラストで表現して鑑賞し合う

　右の例は，詩「いのちのレンガ」（相田みつを・作）を，主題「Ａ−⑴誠実に生きる」として行った授業のものである。詩の内容に関する学びの後，子どもたちは，これまでの人生を振

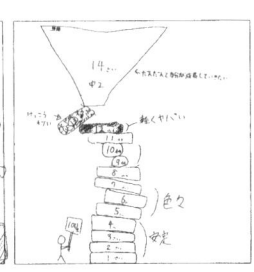

り返り，これからの人生への願いと期待をイラストで表現した。言葉では表現が難しいことを自由に描けるのがイラストのよさである。もちろん，技術的な高さは求めないことを説明してから取り組ませたい。また，本時のように生育歴に関わる内容などでは，配慮が必要な子どもの観察を忘れず，「過去よりも未来を中心に考えさせる」など迫り方を工夫したい。

　黒板に貼った作品を鑑賞し合い，感想を述べ合ったり，付箋にコメントを書いて貼ったりと，学級の状況に応じて意見交換の場を設定するとよい。普段の言葉での話し合いとは違う生徒の活躍や，思いがけないものの見方の発見や交流が期待できる。

（及川　仁美）

39 思考ツールを活用する①座標軸・ベン図

生徒の意見を可視化する ----------------------------------

　思考ツールを使って，生徒の意見を可視化することで話し合いに集中することができる。異なった価値観をもつ生徒同士が理解し合い高め合っていくには論理的に考えることが必要である。それを助けるのが思考ツールである。

多面的・多角的に考えるために ----------------------------------

　特に問題解決的な授業において思考ツールの活用は有効である。ツールの使用は，多面的・多角的な思考を助け，問題や課題の解決につながり，それが道徳的判断力の育成につながると考える。小グループ，板書，どちらにも使用することができる。

座標軸

　問題を解決するには，行為の帰結を考えることが大切である。対立する行為を選択したことによって起こり得る結果をよい点と悪い点に整理して多面的・多角的に考えるには，「座標軸」が適している。

　また，ベン図は，対立する行為や考え，物事を比較し，相違点や共通点を考えることができる。特に共通する事柄を強く認識することができ，気づきや思考の深まりにつながる。

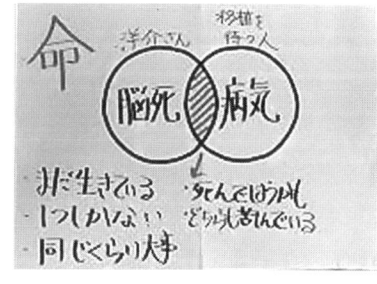

ベン図

（若林　尚子）

話し合い活動 のネタ＆アイデア

40 思考ツールを活用する② マインドマップ

生徒の意見を可視化して評価にも生かす

　生徒の意見を可視化することは，思考を深めること以外でも有効である。グループや，板書に生かすだけでなく，生徒個人の考え方の変容を見取ることも可能であるため，評価の際にも役立てることができる。

単元学習で最初と最後に

　思考ツールを活用することによって，思考の可視化が思考を深めると同時に，生徒自身の考えを整理することができる。マインドマップは，授業における価値などを中心に置き，思いつく全てのことを線でつなぎながら書き込んでいくことによって思考が深まり，考えを整理することができる。グループや板書で活用することで，いろいろな角度から考えたことを１枚に書き込むことができるので広がりを共有することもできる。

　この図はパッケージ型ユニット学習において，同じ生徒がはじめと終わりに書いたマインドマップである。変容を容易に見て取ることができる。

（若林　尚子）

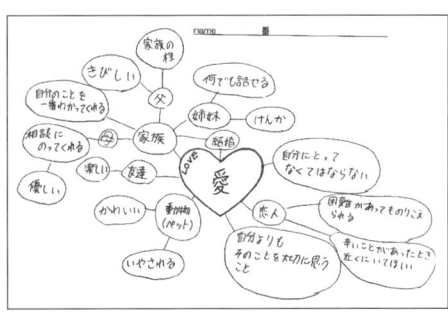

授業のはじめ

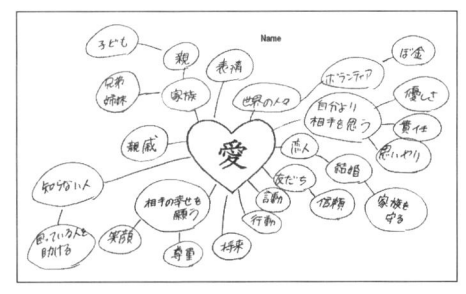

授業が終わって

41 イメージイラストを活用する

　道徳の授業開きオリエンテーション用に開発した教材がある。というのも，最初の道徳授業を受ける前の生徒のイメージは，道徳とは堅苦しい窮屈なものというものが多い。教師が模範的な回答に導くために，誘導的な授業展開を考え，一方向的な発問をされるのではないかと疑っているというところか。

　そこで心理テストを活用したかたちで，わいわいとみんなで語り合いながら，多様な価値観を認め，すり合わせながら，「考え，議論する道徳」の楽しさを実感できる授業実践を報告する。

　ねらいとする内容項目はB－(9)「相互理解，寛容」で，教材は自作の「あなたの相棒」である。内容は次の通り。

　今，あなたはこの世の果てに立っています。目の前には小舟が1艘。あなたは今から，1匹（1つ？）だけ相棒を連れて，新しい世界に旅立ちます。あなたの目の前には，ライオン，サル，クジャク，牛，豚，羊，馬，そして何が生まれるのかわからない卵の8匹がいます。さて，あなたはどの動物を相棒に選びますか。

　それぞれの動物には象徴的な意味合いをもたせてあるので，より連想しやすいようにイラストカードを用意し，その裏に暗示する意味合いを記入しておいた。生徒たちは最初，暗示する意味合いは伏せられた状態でワークシートにどの動物を相棒にするかを選択し，「なぜその動物を相棒にするか」について理由を考えた。

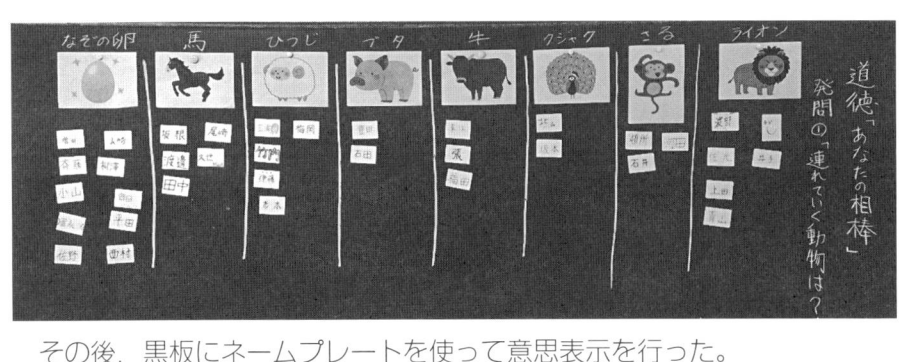

その後，黒板にネームプレートを使って意思表示を行った。

それぞれ選んだ理由を指名して答えさせ，下に記入していくが，各動物が暗示しているものは以下の通り。

ライオン＝力・強さ　　サル＝子ども・家族

クジャク＝財産・お金　　牛＝仕事・奉仕　　豚＝食物・欲

羊＝愛・やさしさ　　馬＝誇り・プライド　　卵＝夢

頃合いをみて種明かしを行い，自分が大切にしているものと合っているかを検証させる。ここで重要なのは，それぞれが暗示するどの価値も重要で，それぞれの選択は尊重されるべきであるということである。食物も財産も人生において不可欠のも

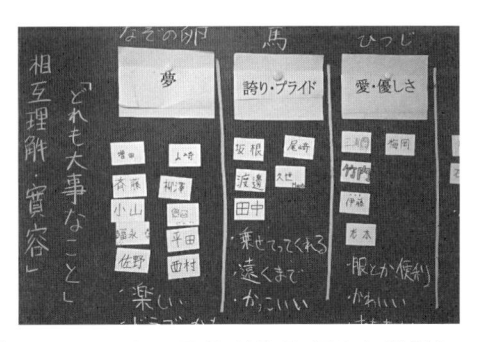

のであるし，大切なものだ。それらを互いに認め，そう考える理由を議論し，相互理解を推し進めることの大切さを実感することが，中学校の道徳授業のひとつの特徴であり，目指す学びのひとつであることを生徒たちは実感する。

最後に金子みすゞの詩「わたしと小鳥とすずと」を提示し，それぞれの考えが受容されることを生徒たちは実感し，授業を終えるわけである。

（中山　芳明）

ホワイトボードを活用する

かつては道徳的価値の理解を重視していた道徳科も，最近は実践化・行動化の視点が強くなってきた。もちろん今でも，道徳的価値や心情に対して，「なぜ」「どうして」を起点に深めていくことは，道徳授業の学びにとって最重要事項と考えられる。しかし，「いじめ」に対する具体的な解決を図る力をつけるなど，実践化・行動化の必要性も十分理解できる。また価値の深化が図れても，身の丈に合った行動目標がなければ，実践化につながらない。「こうするべきだ」ばかりが頭でっかちになって，「自分にできること」が置き去りにされていたら，道徳科は空虚な机上の空論になりさがってしまう。

そこでその授業で取り上げた道徳的価値に対して，深めた道徳的価値をどのように生かすか，その結果がどんなよい効果を生むのかまで考えさせた実践を紹介する。ねらいとする内容項目はＡ－(2)「節度，節制」で，教材はアメリカのニューヨークで起こった実話から自作した「ニューヨークを救ったアイデア」である。内容は次の通り。

1970年代のニューヨークは世界有数の犯罪都市であった。中でも地下鉄は麻薬や強盗など凶悪犯罪の温床となり，利用者は激減していた。そこで150万ドルもの巨費を投じてとられた対策はなんと「落書きを消す」というものだった。

指導にあたったケリング教授の「割れ窓理論」は，小さな犯罪を見逃さないことが，大きな犯罪の抑止になる，というものだった。そしてその取り組みは効果を上げ，ニューヨーク市警察にも採用され，「犯罪都市」の汚名を返上することにつながったのである。

まず，導入として当時のニューヨークの地下鉄の様子を写真で紹介し，治安の回復のためにはどのような手立てがよいかを考えさせた。150万ドル（当時の約3億円）もの巨費であること

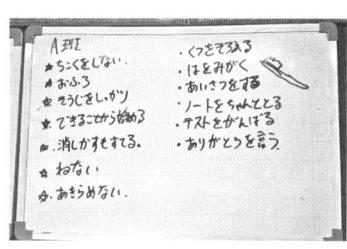

とから，様々な対策がとれるため，生徒の意見には「警察を増やす」「重武装する」「戦車を買う」といったものから，最近の対策を知っている生徒からは「監視カメラをつける」「ライトを青いものに替える」といったものも出された。

その中で対策が「落書きを消す」というものだったことを意外に感じる生徒は多く，興味をもって教材に入ることができた。

教材を提示した後，「割れ窓理論」について詳しく説明し，日本でも行われた実験「自転車のカゴに空き缶を1つ入れておいたものと入れておかないものを用意した場合，空き缶の入っている自転車のカゴにはゴミがいっぱい捨てられていた」という結果を取り上げ，ちょっとした悪いことが大きな犯罪を呼び寄せてしまうことを実感させた。そのうえで，自分たちが向上しようと思った時，ちょっとした気のゆるみや「これぐらいいいか」という油断がそれをじゃますることを考えさせ，4人ごとの小グループ学習に取り組ませました。

議論し，考えた改善策の中で有効なものをそれぞれホワイトボードに書きとめさせ，黒板に貼って発表させた。その際にも，「なぜその取り組みが有効だと思うか」を考えさせ，内容項目に立ち戻ることを意識させた。

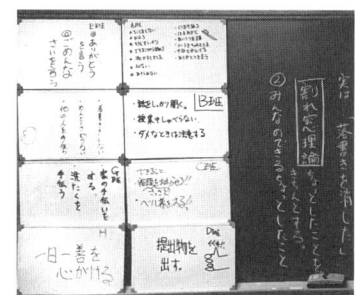

（中山　芳明）

43 ネームプレートを活用する

　話し合いを活性化させるためには，まず自分の考えを明確にすることが必要である。そこで，自分の立場や考え方をネームプレートで示してから，話し合いを行った実践を紹介する。

　これは，「タッチアウト」（出典：『自分を考える』廣済堂あかつき）という教材を扱った授業である。東北大会出場をかけた県大会決勝戦を舞台にした野球部の主将の話である。同点で迎えた９回裏の相手校の攻撃，キャッチャーの「ぼく」は，ホームベース上でランナーをタッチアウトにした。チェンジになって立ち上がろうとした「ぼく」は，落球していたことに気がついた。誰も見ていない，誰も気づいていない，すでに審判はアウトを宣告している。気がついたのは「ぼく」だけ……。その次の回。得点を入れた「ぼく」たちのチームは，その裏の回を守りきって優勝した，という内容である。

　「ボールがミットに入っていなかったことを知った時，あなたはどうしますか。それはどうしてですか」という発問をした。「言う」「言わない」という行為についての自分自身の判断と，その判断の根拠を尋ねて，自分の考えを明確にさせるために，自分の価値観を，ネームプレートを貼った位置で表

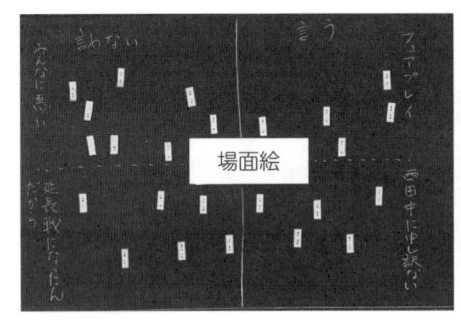

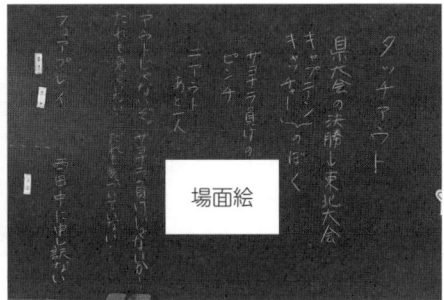

現させた。教材の内容によっては，みんなの前で自分の価値観を明確にすることに抵抗を示す場合もあるが，この教材は生徒にとって大変共感できる内容である。中学校の部活動で運動部に所属する生徒は多い。総合体育大会で勝つことを目標としている生徒たちは多いので，「ぼく」の葛藤を自分事として捉え，主体的に考え，多面的・多角的な価値観にふれることができるのではないかと考えた。左右の「行為の根拠」には，生徒の発表を総括したキーワードを板書した。

　ネームプレートを貼らせてから，「どうしてそこに置いたのか」という理由を討論することで，「誠実」というねらいに迫ろうと考えた。自分の考えを表現しやすい教材だったので，小グループでの話し合いは行わず，フリートーキングの時間を設定した。学級の人数が少ないため，4分割するとそれぞれのグループの人数が少なかったので，「同じ意見の人」「異なる意見の人」という指示はせず，自分が話し合ってみたい人を決めて自由に話し合わせた。その後，全体でのシェアリングを行った。「言わない派」と「言う派」に分かれていたが，その根拠が多様であったことと，身近な内容であることから，全体での話し合いは活発だった。

全体での話し合いの後に，再度自分の考えを問い，「変化があった人はネームプレートを動かすように」と指示したところ，何名かの生徒がネームプレートを動かした。

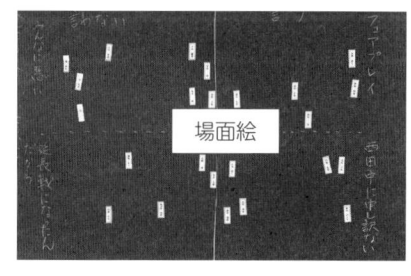

場面絵

　教材中の「ぼく」は，本当のことを言えず，もやもやした気持ちのまま試合を終える。「逆の立場になることもあるんだから，審判の判断にしたがう」という割り切った考えもあったし，「みんな喜んでいるのに，絶対言えない」という考えもあった。「相手に悪い」「いつまでも罪悪感がある」という考えもあった。「自分だけだったら正直に言うんだけどな……」とつぶやきながらネームプレートを動かす生徒の姿が，こういう板書の有用性を表していたと感じた。

（岡田　多恵子）

44 場面写真とふきだしを活用する

　実際に起こった感動的なエピソードをもとにつくられた教材には，その1枚だけで強く情景が伝わる写真がある場合がある。道徳は国語ではないので，文字だけの情報でその状況を読み取らせる必要はない。視覚的な情報をもとに状況を感じ取り，適切な行動をとれることも重要である。

　オリンピックなどスポーツの大会では，感動的なエピソードや深く考えさせられる状況などが多く生み出され，決定的で象徴的な一瞬を収めた写真が数多く撮られる。そのような写真を活用した授業実践を紹介する。

　部活動などを通し，生徒は成功のために日常的な努力を積み上げることの大切さを感じている。しかしその反面，結果が成功につながらなかった場合に無力感を覚え，自分ひとりでは消化できずに挫折することも起こり得る。そこで大切なのが仲間同士の支え合いであり，あたたかな思いやりを適切に表現できることである。ねらいとする内容項目はB−(6)「思いやり，感謝」，教材はリレハンメルオリンピックの原田雅彦選手のエピソードから自作した「かけられた言葉」である。内容は次の通り。

　リレハンメルオリンピックに出場した日本スキージャンプチーム。勝負は4人のメンバーが飛んだ合計点で競われるが，3人が飛んだ時点で圧倒的な差をつけて日本は1位。このまま悲願の金メダルを獲得するはずだった。しかし，最終ジャンパーの原田雅彦選手のジャンプは失敗。文字通り落ちてしまった原田選手は約90秒もの間，うずくまって立てなかった。出場メンバーが原田選手に歩み寄る。その1人である岡部選手が，頭をかかえる原田選手に「〇〇〇〇」と声をかけた。

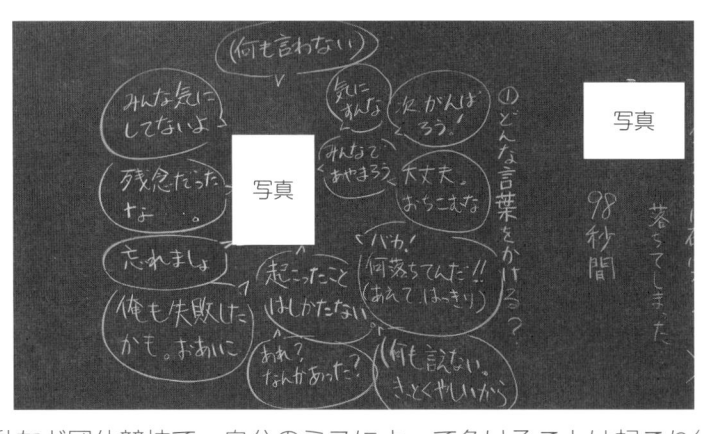

　部活動など団体競技で，自分のミスによって負けることは起こり得る。よってこの状況は生徒たちに強い共感をもって受けとめられた。

　うずくまる原田選手の写真を貼ったうえで，「原田選手にどんな言葉をかけるか」を考えさせ，ワークシートに記入させた。その後，拡大した発問のシーンの写真を黒板に貼り，順にどんな言葉をかけたと思うか，指名して答えさせ，ふきだしのかたちで写真の周りに配置した。

　効果としては，自分たちの励ましといたわりの言葉が傷ついた原田選手の周りに配置されることで，その癒しの効果が実感され，「思いやり」の大事さとそれがもつ力が強調されたと感じた。

　最後に実際の岡部選手の言葉「何落ち込んでるんですか，銀メダルですよ！」を紹介し，相手のミスを責めずに励まし，称賛する思いやりの言葉であったことを考える。

　そのうえで，生徒たちは4人ごとのグループに分かれ，「失敗した原田選手は，かけられた言葉をどう感じたか，なぜ思いやりが大切なのか」について活発に意見交換を行った。

　その後，全体での意見交換を行ったうえで，4年後の長野オリンピックで原田選手が団体で金メダルをとったジャンプを飛んだことを紹介し，思いやりがもつ力を実感させて授業を締めくくる映像などを活用することも効果的だと考える。

（中山　芳明）

45 付箋を活用する

　全ての生徒の意見を１時間の中で拾うことはなかなか難しい。そのため，ホワイトボードや付箋などを使って意見を記入させ，掲示することで発表の代替とすることがある。

　その２つの使い分けであるが，その場の意見をまとめるためなどに活用するならホワイトボードが多く選択される。意見の変更によってたしたり消したりすることも簡易であり，小グループ活動に適している。

　対して付箋はというと，個人の意見を記入したり，貼り直すことで意見の変更なども反映したりできるが，その大きな利点は「残せる」という点にある。その「残せる」利点を生かし，授業後も教室内に掲示することで，考えた道徳的価値を繰り返し振り返ることができるのではと考えた。以下にその実践を紹介する。

　ねらいとする内容項目はＡ－(4)「克己と強い意志」，教材は南米に伝わる話を教材化した「ハチドリのひとしずく」である。内容は次の通り。

> 　燃えている森から，動物たちが逃げていく中で，ハチドリだけが口ばしで水のしずくを一滴ずつ運んでは火の上に落としていく。それを見た動物たちは，「いったい何になるんだ」と言ったが，ハチドリは「私にできることをしているだけ」と答えた。

　この物語が脚光をあびたのは，東日本大震災からの復興プロジェクトのひとつとして紹介されたことがきっかけである。まず，生徒は「努力」をどう認識しているかというと，「成功のために必要」というものが多い。しかし，震災復興の過程はとても遠大で，遅々とした歩みを積み重ねるしかない。だ

が，上記の認識では，なかなか結果につながらない努力に意義を感じられないこととなる。しかし，「成果の上がらない現実に負けずに，積み重ねる努力」に向き合い，「微力であっても努力を積み重ねることが人の心を勇気づけ，自らの成長につながるのだ」ということも大事であり，生徒に考えさせたい価値である。

　まず，ハチドリを知らない生徒もいるので，ハチドリが世界最小クラスの鳥であり，そのくちばしで運べる水もごく少量であることを伝えた。その後で，「なぜハチドリは水を運び続けるのか」を問い，「自分のできることをする大切さ」について考えさせ，発表させた。

　意見交流の後，「私たちは微力ではあるが，無力ではない」という言葉を伝え，生徒一人一人に水のひとしずくのかたちにした付箋を配って，それぞれに夢に向けて「自分にできるひとしずく」を考えさせた。そして黒板の残りの場所にハチドリの絵が描かれた模造紙を貼り，その下にそれぞれのひとしずくを貼ることで大きなひとしずくになることを実感させた。

　ここで作成した模造紙は授業後も掲示物として教室に貼り，常に確認できるようにした。道徳の授業はその時間内に完結させることを目的とせず，日常の中で折にふれて確認し，考えを更新することが有効であるので，このような取り組みもぜひ取り入れていきたい。

（中山　芳明）

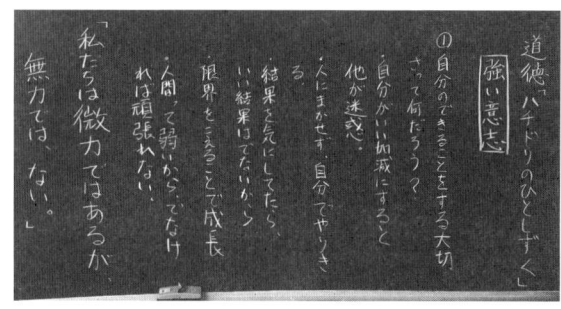

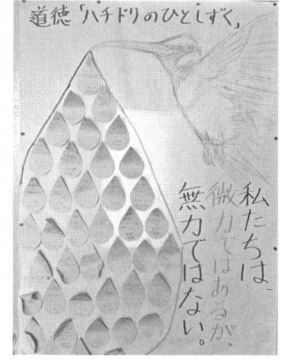

46 ICT 機器（電子黒板）を活用する

IT 社会や AI 社会と言われる時代において，生まれた時からパソコンやスマートフォンにふれ，ICT 機器をらくらくと使いこなす生徒たちが増えてきている。そこで，各教科で ICT 機器が活用されているように，道徳でも ICT 機器を活用した実践を紹介したい。ねらいとする内容項目は A −(1)「自主，自律，自由と責任」，教材は「裏庭でのできごと」（出典：文部科学省）である。内容は次の通りである。

教材の結末は，「迷った末に先生に話しに行く」ことになっているが，授業では最後の部分をカットし，「あなたが健二だったら，この後どうするか？」というように投げかけた。

> 健二，雄一，大輔の３人は，昼休みにサッカーをするために裏庭へ行く。すると鳥のひなをねらう猫がいた。とっさに雄一がボールを投げつけ，猫を追い払った。しかし，ボールは物置の天窓にあたり，ガラスが割れてしまう。雄一は職員室に報告に行くが，その間，健二と大輔はサッカーを始め，健二が再びガラスを割ってしまい，それも雄一のせいにしてしまう。健二は，本当のことを先生に伝えるかどうか迷ってしまう。

理解しやすい内容ではあるが，長文のため，イラストの得意な本校職員に場面ごとに絵を描いてもらい，電子黒板を使って紙芝居風に提示した。電子黒板を使うことで，教材提示の時間を短縮し，話し合いの時間を十分に確保したいと考えたからである。提示の際に，BGM も用意しておけばよかったというのが反省点である。

話し合いでは，健二に共感しやすくするために，電子黒板で場面絵を提示

し，黒板に生徒の考えを書いたので，黒板を広く使用することができた。

　場面絵や情景図を掲示した方が生徒も考えやすいが，中学生なので，ずっと貼っておかなくても理解できる。また，せっかく作成した場面絵も，教材提示だけで終わってしまってはもったいないと考えたからである。

　黒板には，「大輔が，健二が割ったぶんまで雄一のせいにした時の３人の気持ち」と，「あなたが健二だったら，この後どうするか。その理由は？」について話し合った意見を記述した。電子紙芝居の活用で，教材提示の時間を短くすることができたので，小グループでの話し合いでは役割演技を用いて，体験的に思考することができた。今回はパソコンでイラストが描けるという特技がある職員がいたので自作したが，もちろん教材の挿絵をパソコンに取り込み，拡大して提示するだけでも十分な効果がある。

（岡田　多恵子）

47 心情曲線を活用する

　国語科の授業で活用する心情曲線を，道徳の授業でも活用している。今回は「足袋の季節」（出典：学研）の授業で活用した実践を紹介する。本授業の内容項目はD－㉒「よりよく生きる喜び」，主題は「良心に恥じない生き方」とした。教材「足袋の季節」の内容は次の通りである。

> 　「わたし」は小学校を出てすぐ，北海道の小樽に住む伯母のもとに行かされ，そこから郵便局に働きに行っていた。貧しい暮らしをしていた「わたし」は，ある日，上役の言いつけで行商のおばあさんのところに"もち"を買いに行く。そして，悪いと知りながら足袋がほしいという気持ちに負け，おつりを多くもらってしまう。貧しいおばあさんから金をかすめとったという自責の念と，励ましてくれたのだという甘い考えが「わたし」の心を苦しめ続ける。その後，はじめて月給をもらうと，急いでおばあさんを訪ねるが，すでにおばあさんは亡くなっていた。後悔の中で，おばあさんがくれた心を今度は誰かに差し上げなければならないと決心する「わたし」であった。

　主人公の「わたし」の生き方は葛藤の連続である。貧しさと寒さ，「正直に生きたい」という願いと「40銭あれば足袋が買える」という思い。時代背景も環境も異なるため，少しでも臨場感をもたせたいと考え，晩秋の寒い日に暖房をつけずに授業を行った。教材はDVDで提示した。生徒は教材を視聴しただけなので，あらすじを確認しながら，各自，「わたし」の心情を心情曲線に表す活動を取り入れた。その後「心に残った場面」を問いかけ，生徒の心に残った場面をキーワードで表し，全体で心情曲線をつくった。そし

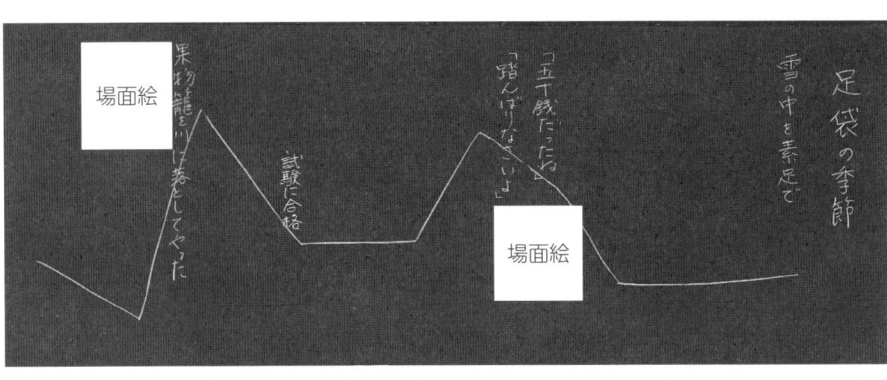

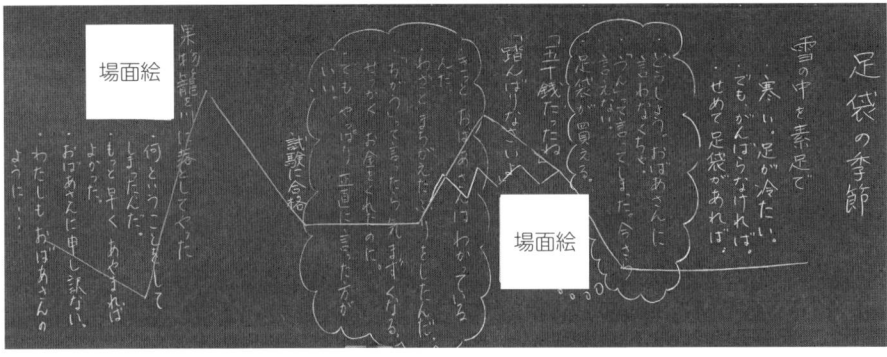

て，「わたし」の気持ちを話し合いながら，心情曲線を書きたしたり直した
りしながら，内面の葛藤を可視化した。

　自分たちと年齢が同じくらいなのに親もとを離れて働いていることや，寒
い北海道の雪の中でも素足で生活していることに共感したらしく，「おばあ
さんは，『わたし』が嘘を言っていることに気づかないふりをして，足袋を
買いなさいってお金をくれたんだ」と考えた生徒が，私が予想したよりも多
かった。「違うって言ったら，おばあさんの思いやりを踏みにじることにな
って，気まずくなるから黙っている」という考えの子が，「正直に言う」と
答えた子と同じくらいいたことに驚いた。しかし，罪悪感と感謝の気持ちは
大きく，果物かごを持っておばあさんのもとに向かう時と，おばあさんの死
を知った時の心情曲線は，大きく上下していた。

（岡田　多恵子）

48 情景図で臨場感をもたせる

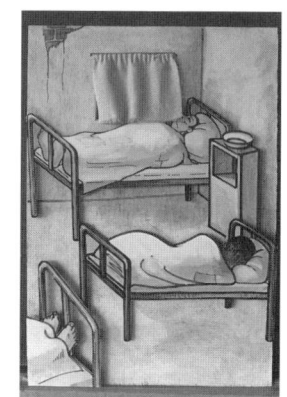

　教材によっては生徒の生活からかけ離れていて，生徒がなかなか教材の内容に入り込めない場合がある。しかし，生徒の共感を得やすい生活教材や現代の人物のノンフィクションばかりを扱うわけにはいかない。舞台が外国で時代もかなり前の教材の場合，ねらいに至る過程は理解できても，教材の内容に興味・関心をもたせるための手立てが必要になる場合がある。

　右の写真は，教材「カーテンの向こう」（出典：『心つないで』教育出版）の実践で，カーテンが開くように工夫した自作の情景図を使用した時のものである。この教材の内容は次の通りである。

　ある国の病院の一室が舞台になっている。そこには自分では動けない重症患者だけがベッドを並べて横たわっている。なんの楽しみもない毎日の中で，唯一の楽しみは窓際のヤコブが外の様子を話してくれることだった。しかし，ヤコブはその位置を誰にも譲ろうとしなかった。そして，ヤコブが亡くなり，いよいよ「私」が窓際のベッドに移る時がやってきた。「私」は，ヤコブと違って外の景色をひとりじめするつもりだった。しかし，「私」がカーテンのすきまからのぞくと，カーテンの向こうは冷たいレンガの壁であった。

　教材は2つに分けて提示した。ヤコブが亡くなり，いよいよ私が外の様子をひとりじめできると喜んでいるところで切った。前半の話し合いを行った

後，後半の教材を提示した。カーテンが閉まった情景図を提示しておき，後半は生徒にプリントを配付せず，情景図のカーテンを実際に開けながら，教師が語りかけるように，教材を読んだ。

導入
教材提示
話し合い
板書
ノートシート
終末
教具
説話

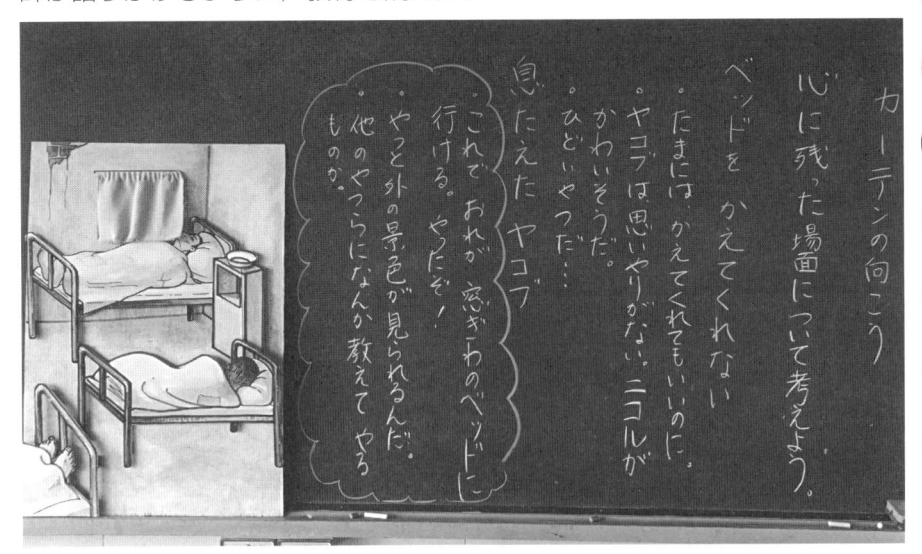

　情景図のカーテンは動くようにしてあったので，教師は語りながらゆっくりとカーテンを開けた。カーテンの向こうにあるレンガの壁を見た時の生徒の驚きを大切にして，「レンガの壁を見たヤコブはどう思ったのだろう」という発問をした。

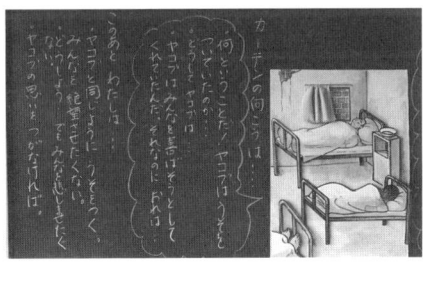

　教材を分割したので，板書も「カーテンを開ける前」と「カーテンを開けた後」の2段階で考えた。この情景図は美術の教師が制作してくれたのだが，ベニヤ板の本格的な情景図であったため，重くて黒板中央に貼ることができなかった。できれば，下の方に置くのではなく，黒板の中央に貼るかたちにした方が構造的な板書になったと反省している。

（岡田　多恵子）

49 ウェビング（マインドマップ）を活用する

　思考ツールの中でよく活用されるもののひとつにウェビングがある。マインドマップとも呼ばれる。総合的な学習の時間の導入などでよく使われているが，道徳でも効果的な活用が期待できる。ここでは，内容項目Ｃ－(15)「よりよい学校生活，集団生活の充実」の愛校心に重点を置いた実践を紹介する。教材は「校門を掘る子」（出典：『かけがえのないきみだから』学研），あらすじは次の通りである。

> 　吹雪の中，ひとりの女子生徒が雪に埋もれた校門を汗だくになりながらシャベルで掘る姿があった。この校門は，全校生徒の願いを受けて，校長先生が建てたものだった。女子生徒は，校長先生の思いを尊く受けとめ，校門を掘ったのである。

　この話は，作者が通った中学校で実際にあった話である。この教材を通して，自分の学校という自覚を深め，学校や教師への思い，自分の学校の校風やよさに対する認識を深めてほしいと考え，ウェビングを取り入れた。教材を提示した後に，女子生徒が校門に懸ける思いについて考えさせた。

　生徒は各自，ワークシートにウェビングを作成した。文章で記述するのとは異なり，キーワードで書けることもあり，どんどん発想が広がりウェブも広がっていった。「1人ウェビング」の後に「学級ウェビング」を行った。

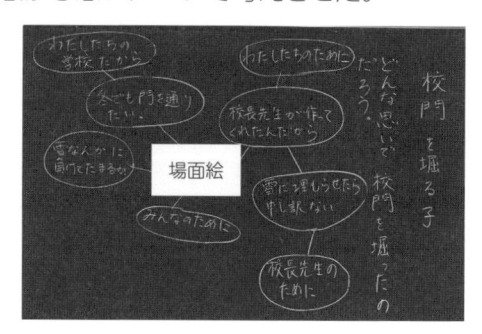

次に，自分の学校への思いを再認識させ，学校への思いを深めさせたいと考え，「新利根中学校ウェブマップづくり」を行った。まず，ワークシートで「1人ウェビング」を行い，次に小グループになって話し合いながら「グループウェビング」を行った。1人でつくっている時も楽しそうだったが，グループでつくっていると思い出が次々に出てくるようで，学校のよいところやクラスのよさ，友達との思い出，教師との思い出，そしてどのグループにもあった言葉は「感謝」であった。次に学級ウェビングを行った。小グループで活動した後なので，指名されるのが待てないほど，「話したい」という意欲がいっぱいであった。

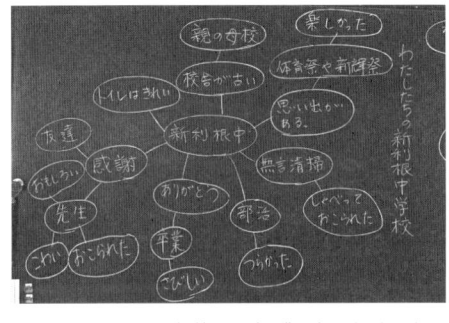 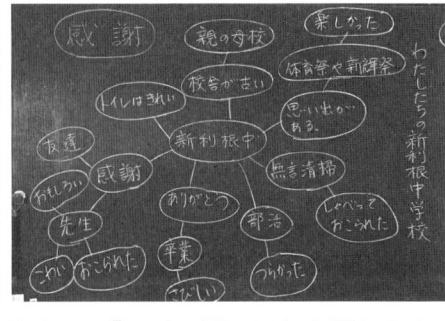

　3年生の3学期の実践だったため，終末で，「一番の思いは」と尋ねると，「感謝」という言葉（右の写真）が出てきた。そして，「自分たちが引き継いできた伝統を，後輩たちにも引き継いでほしい」という発言も聞かれた。

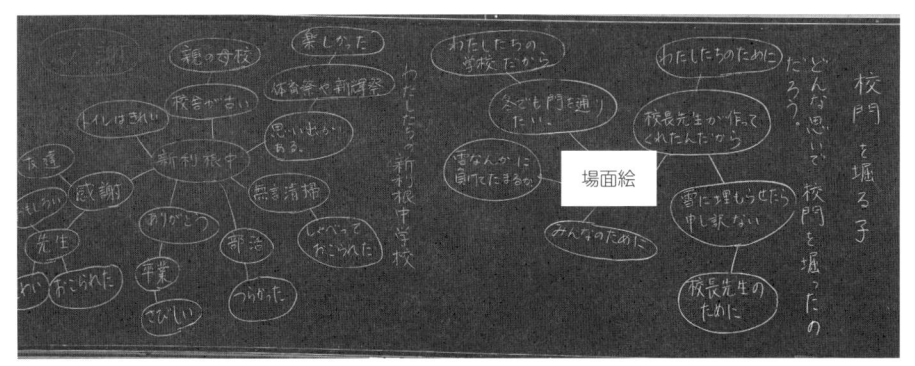

（岡田　多恵子）

 50 ダイヤモンドランキングを活用する

　多様な指導方法の中でも，思考ツールを活用する授業は多い。ここでは，学級活動でよく使われるダイヤモンドランキングを活用した実践を紹介する。

　内容項目Ａ－⑵「節度，節制」，教材は「自然教室での出来事」（出典：『道徳教育推進指導資料（指導の手引）1　中学校　読み物資料とその利用』文部省）の授業実践である。教材の内容は次の通りである。

　公一は自然教室最後の行事である登山の前夜，いつもの習慣で正典と夜更かしをしてしまう。体力に自信があった公一だが，睡眠不足から登山を途中で断念して，下山した。友達の喜びの声を聞きながら，公一と正典は後悔した。

　「自然教室」という言葉が生徒にとってなじみが薄い場合は，学校の実態により「宿泊学習」や「体験教室」などの言葉に置き換えて，導入のダイヤモンドランキングを実施する。

　導入の段階では，生徒に個々にダイヤモンドランキングを行わせ，自分の価値観を自覚させた。そして，ランキングの異なる生徒2～3名に発表させた。

　その際，ワークシートを実物投影機でスクリーンなどに投影し，根拠も発表させた。

　展開の段階では教材を読み，

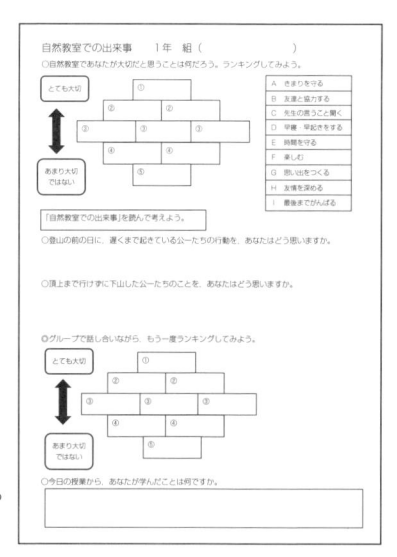

・夜遅くまで起きている公一たちのことをどう思うか。

・途中で下山した公一たちのことをどう思うか。

について話し合った。その後，小グループ活動を取り入れ，再度ランキングを行った。

小グループでのダイヤモンドランキングでは，ダイヤモンドランキングをグループシートにして記入させてもよいし，ホワイトボードと色分けした項目ごとのシートを用意してホワイトボードミーティングを行わせてもよい。

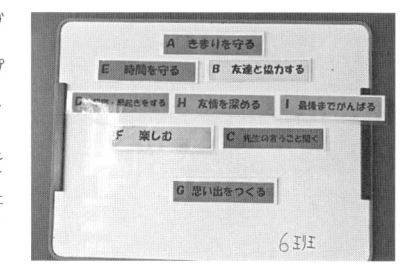

グループごとのダイヤモンドランキングの発表では，どうしてそのようなランキングになったかという理由を発表しているが，残念なことに文字が小さくなりすぎるためグループシートに理由は書かせていない。そこで，ねらいに迫るために大切だと思ったキーワードは，教師が板書するようにした。導入の段階では，自分たちが自然教室に抱いているイメージでダイヤモンドランキングを作成したので，大切だと思うものが多様だった。しかし，教材を通して公一の行動を自分なりに判断しみんなで話し合ったことで，グループランキングには変化が見られた。また，この授業では課題を板書したので，自分で判断するという意識をもって授業に臨んでいる様子が見られた。

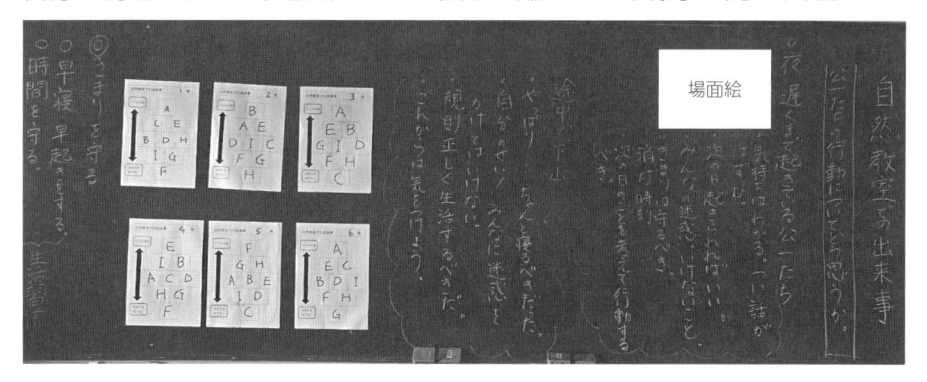

（岡田　多恵子）

51 数直線とネームプレートを活用する

　ジレンマ教材など，道徳の授業では２つの選択肢を考えさせ，展開する授業プランは多い。その際に，単純な２択ではなく，心情の微妙な機微を表現させるために数直線を使った実践を紹介する。

　「考え，議論する」道徳授業では，その授業中に，全ての生徒に意見を表明させられれば理想的だが，なかなかその時間を確保できないのが現実である。そこで黒板にネームプレートを貼る際に，度合いの要素をプラスすることで，一定の意思表示が可能になることがメリットである。

　ねらいとする内容項目はＤ－⒆「生命の尊さ」，教材は「飛べなかったハト」（出典：京の未来創造校）。内容は次の通りである。授業の中で前半と後半で分割提示した。

【前半】「僕」は生まれたばかりの子バトをかわいがっていたが，羽根などの病気でその子バトは飛べない体であることがわかる。お世話になっている獣医からは，ハトの気性は荒く，子バトが仲間から攻撃されつらい思いをするからと薬殺をすすめられる。しかし，「僕」はどうしても決心がつかない。

【後半】母の言葉で子バトを薬殺しないことを決めた「僕」は，やはり攻撃され始めた子バトを他のハトと離して飼うことにした。かわいがっていた「僕」だったが，子バトは突然死んでしまう。「僕」はかわいそうだとは思ったが，涙は出なかった。

　文字だけではイメージ化が弱いと思い，最初に今までに飼っていたペットのことを頭に浮かべさせ，次にハトの姿を提示して，しっかり実感を伴った

判断をするよう促した。

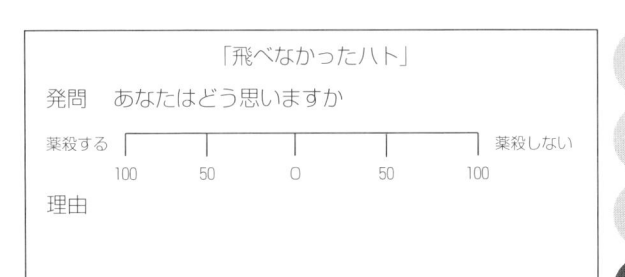

前半部分を読み，生徒たちはハトを「薬殺する」「薬殺しない」について，自分ならどちらの判断をするかを数直線上で考え，ワークシートに理由とともに記入した後，黒板の数直線上に意思表示を行った。ここで重要な約束事は「0％は選ばない。必ず1％でもどちらかに寄せる」ということである。「どちらでもよい」と思考停止することになってしまい，考えを深めることにつながらないからだ。

数直線での意思表示では，自身のネームプレートを貼った時点で細かな心情も表明できる。「迷いなく決めている」「迷っている」「100％賛同しているわけではない」などが一目でわかるため，生徒たちは「なぜそう考えているのだろう」と興味がかき立てられ，議論が活性化する。このように互いの意見を聞きたくなる工夫こそが「考え，議論する道徳」の手立てとして有効だと考える。

黒板に意思表示をした後，生徒たちは4人ごとのグループに分かれ，「なぜその判断をしたか」の理由とともに活発に意見交換を行った。

その後，全体での話し合いに移ったが，発言は「誰の意見を聞きたい？」とする生徒によるリレー指名形式で行った。生徒たちはネームプレートの位置を確認しながら，自分と違う考えの人の意見を積極的に傾聴し，多様な意見があることやその理由から刺激を受け，価値の再考を行っていた。

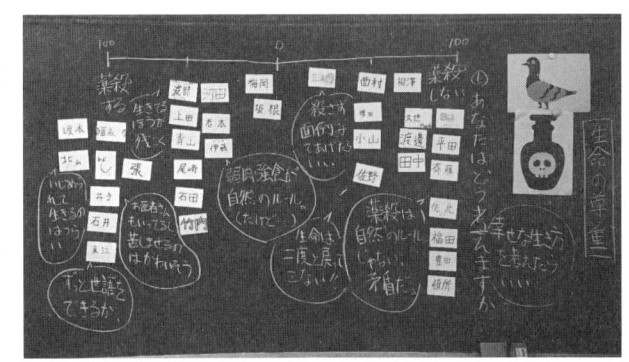

（中山　芳明）

52 数直線の応用とネームプレートを活用する

　ジレンマ教材として有名な教材にコールバーグが開発した「ハインツのジレンマ」がある。ジレンマ教材では１つの状況に対して，異なる価値観による２択を迫り，それぞれを選択した理由を考えさせることで，その価値への深化を図ることができる。また，自分と異なる選択を行った他者の意見を聞くことで，視野が広がり，多様な視点をもって物事を判断する力をつけることができる。今回はこのジレンマ教材の判断に数直線を組み込んだうえで，社会的な視点という縦軸も加えたものを提案する。

　なぜならこの教材には複数の内容項目が関係し，複雑に関与し合っているために，単純な２択ではなく，心情の機微を表現させるために数直線を使った２択を採用しているが，それでも正しくそれぞれが重視する価値の深化につながらないと考えたからである。

　ねらいとする基本的な内容項目はＣ－(11)「公正，公平，社会正義」であるが，Ｃ－(10)「遵法精神，公徳心」とＤ－(19)「生命の尊さ」，Ｃ－(14)「家族愛」なども密接に関わっている。内容は次の通りである。

　貧しいハインツには病気の妻がいる。その妻が助かる可能性のある薬が開発された。その薬の材料費は200ドルで，販売価格は2000ドルだった。妻を助けたいハインツは知人からお金をかき集め，半額の1000ドルを用意したが，薬屋からは「開発するのに俺も金がかかっているんだから，半額では売ることはできない」と断られる。

　思いつめたハインツは，妻を助けるために薬屋に盗みに入ることを考える。法を犯すべきか，守るべきか。さてあなたはどう考えるだろうか。

まず，ワークシートの数直線上でそれぞれの意見の位置を考えさせたところ，最初はハインツに同情的な生徒が多く，高額な薬代を設定する薬屋に対して批判的な意見が多かった。次に黒板にもネームプレートを貼らせる。ここまではよく用いる手順と一緒である。

自分のため
（A−⑴自由と責任）

相手のため
（B−⑹思いやり）

社会のため
（C−⑽，C−⑾，
　C−⑭など）

生命や崇高なもの
（D−⑲生命の尊さ）

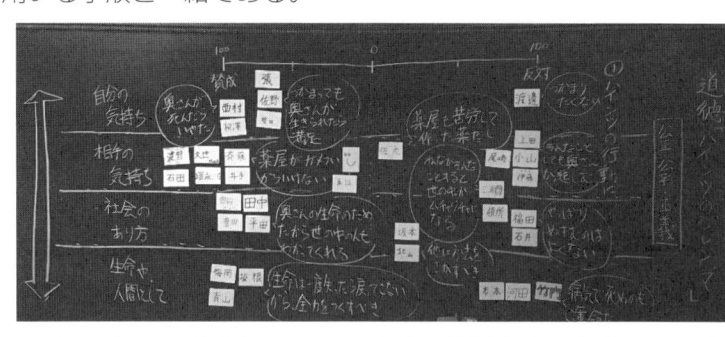

　その後，それぞれの意見の理由を聞いていく前に縦軸を書き加える。縦軸は上から「自分のため」「相手のため」「社会のため」「生命や崇高なもの」という分類であることを伝える。そして意見を聞く中で，それはどの縦軸に当てはまるかを考えながら，貼り直し，意見を書きとめていく。

　こうすることで自分の意見はどの立場に立って考えているか，またどの立場に対する考えが浅いかなどが視覚化される。社会的意識の成熟度がわかるわけである。この前提のうえで，生徒同士のグループによる議論を行い，それぞれの立場から意見を深める。

　その後，全体での話し合いに移り，「自分はこう思っていたが，議論の結果，他の班員の意見から，こんなことに気がついた」というかたちで発言をさせた。このようにしたのは，意見をぶつけ合うのではなく，受容できる相違点を見つけ出すためである。

　現実社会では様々な立場の人が多種多様な意見をもち，その中でベターと考えられる「共通解」と，自分としてこだわりたい「納得解」をすり合わせて，「社会正義」がつくられていくことを感じさせたい。

（中山　芳明）

 役割演技と ワークシートを組み合わせた工夫

教材などの筋書き（台本）通りにセリフを発したり動作したりしていくことを「動作化」という。一方「役割演技」には筋書きがないというのが両者の主な差である。このことから，文部科学省が示した「道徳的行為に関する体験的な学習」は，役割演技によっても実現できると考える。それぞれの登場人物の立場で，自分の考えをもとに話し合いなどを行い，体験的な学習をしていくのである。

中学生という発達段階と役割演技の関係

ここ数年の傾向として１年生は子どもっぽさが増し，逆に３年生はより大人に近い感覚をもつようになってきたように思う。少子化そして情報化がその傾向に拍車をかけている。そんな実態がある中，授業で役割演技をうまく機能させるには，指導する教師側に相応のスキルが必要となる。

１年生には従来の感覚で役割演技を設定すればうまくいく。登場人物になりきって，感動もすれば涙も流れる。しかし３年生となると大人びた（冷めた）感覚がじゃまをする。そういう場合，教師は動作化のつもりで淡々と進めた方がよい。たとえ動作化であっても，人と人の間に働く感情や情緒を構造的に整理し，他者をうならせるような発言をする子どもも多い。

いじめについての役割演技

いじめに関わる人の立場として「加害者・被害者・傍観者・仲裁者」がある。授業の組み立て方としては，全ての立場を体験できるように，４人グループをつくり役割演技を行う。さらに３年生の感覚にも対応できるように，台本の結末（いじめが起こる瞬間のセリフ）はパターンⅠ・Ⅱの選択ができ

るようにした。

【台本】
Ａ：家にあっためずらしいもの（宝）を取り出す。
　「これすごいでしょ（だろ）！　家の物置の奥で見つけたんだ」
Ｂ：「へえ，見せて見せて，貸して！」
Ｃ：「なあに（なんかあんの）？　私（俺）にもさわらせてよ」
Ａ：にこにこして
　「どーぞ　どーぞ！」
Ｄ：「何があんの？　私（俺）にも見せてよ」
Ａ：意地悪な顔をして
　「さわらないで（さわんなよ），あなた（おまえ）がさわると汚れるわ（だろ）」
【パターンＩ】
Ｂ：意地悪な顔をして「そう（だ）よ，やあね（やなヤツ）」
Ｃ：意地悪な顔をして「だめ！　こないでよ（くんな）」
【パターンⅡ】
Ｂ：ごく普通に「意地悪しないで見せてあげなよ」
Ｃ：ごく普通に「いいじゃん，貸してあげなよ」
（パターンＩ・Ⅱのどちらかはその時に決める）

　この「台本」では，Ｂが加害者，仲裁者のどちらになるか直前までわからない。筋書きが定まっていても，メンバーが実感を得るためのひと工夫である。

記録用紙の工夫 --

　いじめには上記の四者が関係していることにふれてから役割演技を始める。記入欄を４回分設けることで，四者の感覚を積極的に獲得しようという意欲が増す。

（丸山　隆之）

役割ごとの気持ちは……	
氏名	
１回目　役割（　　）	今の気持ち
２回目　役割（　　）	今の気持ち
３回目　役割（　　）	今の気持ち
４回目　役割（　　）	今の気持ち

54 教師が使いやすい 汎用性の高いワークシートを 用いる

平成31年度から道徳の教科書が頒布されるので，年間35時間分の教材は最初から準備されている。しかし，教師が自身の日常生活で遭遇する琴線にふれるような事象は，遠慮せずに授業に取り入れるべきである。特に授業の導入部は，その1時間の成否を左右する雰囲気づくりの時でもある。より授業テーマへのアプローチに勢いがつくようなネタを用いたい。そのために発問は空欄にしておく。汎用性の高い，自分スタイルのワークシートを準備しておきたいものである。

サッと持ち出せる評価用紙やワークシートを常に準備しておく ---

下図は，最もシンプルなワークシートの一例である。討論や話し合いの内容などをメモしながら参加し，授業の終わりには簡単な自己評価をするという使い方をするイメージである。

次ページには汎用性のあるワークシートの一例を示した。教室で子どもとともに議論しながら発問を設定し，つくり上げていくような授業の時に最適である。通常は①補助発問，②中心発問，③新たに気づいたこと（シェアリング）や評価を記入するイメージで使っている。

道徳授業メモ　　　　　　　　　　　　　　　　　月　　日
（　　　　　　　　　　　　）　　　氏名

〈自由記述〉（考え or 言いたいことのメモ）

〈自己評価〉

1 授業に意欲的に 取り組むことができた	A　よい
2 テーマについて 深く考えることができた	B　ふつう
3 テーマに関することで， 何か行動に移してみようと考えた	C　わるい

道徳授業メモ

〜考えたことや発言しようと思ったことをメモしておきましょう〜

氏名 _____

教材名

1　（補助発問などを板書し，この欄に転記させる）

※どのような授業にも対応できるように，発問や課題は空欄に
しておく。子どもが先回りして考えてしまうのを防ぐことが
できる。

2　（主に中心発問を記入する欄）

3　（授業の振り返りや自己評価の記入を促す文言）

※ここに子どもが記入した内容には，道徳性の変容が表れて
いることが多い。2に記入した内容と連動させて捉え，評
のための資料とする。

（丸山　隆之）

55 評価のための資料や根拠を得ることができるワークシートを用いる

　より望ましい道徳科の評価は，子ども一人一人の道徳性の深化や変容を的確に文章表記することである。この「深化や変容」をどのような方法で見取っていくかが肝要となる。このアイデアは，ワークシートに工夫を加えることで，子どもが深化や変容を無意識に表現できるというものである。

教材について --

　このアイデアで用いた「裏庭でのできごと」は，『道徳教育推進指導資料（指導の手引）1　中学校　読み物資料とその利用』（文部省）所収の読み物資料（教材）をビデオ教材化したものである。

【あらすじ】

　男子中学生3人が，昼休みにサッカーで遊ぶ場面。主人公の健二は誤ってガラスを割ってしまう。友人の口車に乗ってそのことを先生に言えずにいたが，最後は自分の良心にしたがい，自ら事実を話しに行った。

ワークシートの使い方 ------------------------------------

　①と②は，モラルジレンマ教材において相対する2つの立場である。まず①と②両方の立場で「理由」を考えさせる。この教材中には「正直に言う」という主人公の最終的な判断が描かれている。そこで，③では「正直に言うと決めた判断理由」を問う。授業の流れとしては①⇔②の対比で考えを記入（議論）した後，③に中心発問に対する考えを記入（発言・シェア）する。実は①と③はほぼ同じことを問うている。この①→③には，子どもの道徳性の深化や考え方の広がりが表出している。評価を作成する時の，重要な根拠となり得るのである。

裏庭でのできごと

2年 1組　番 氏名

主人公は真実を

<table>
</table>

正直に言う理由　　　　　　　　　　　言わない理由

ユウイチの責任に全てするのは
申し訳ない

ユウイチと仲直りしたい

自分の責任だと知られたくない。

ダイスケに はぶられたくない

Q1　正直に いうと決めた判断理由 は？

自分の正義を曲げたくなかったから
友達との関係をそのままに したくなかったから。
いやな気持ちで学校生活を送りたく白かったから。
後悔すると思ったから

Q2　ビデオ全体，授業全体の感想

かくして る事いっぱいあるけど ちゃんて しまつ つけないて

（丸山　隆之）

56 自己評価を蓄積し学期末の評価に生かせる授業シートを用いる

　道徳科の評価（文章）は，先述の通りワークシートに工夫を加えることで導き出しやすくなる。しかし3学期制の1学期にはおよそ15時間の授業がある。その全体を俯瞰し，評価できるような文章表現は，実質的に不可能である。そのため次のような自己評価の活用を考えた。

積み重ね（stacking）て蓄積していく自己評価シート --------

　次ページの「道徳 STACKING SHEET」を，道徳科で用いるノートの最初の部分に数枚貼りつけておく。1枚で5時間分の記録ができる。印象に残った内容の記録と態度面の簡単な自己評価である。下段には学級担任が集計しやすいように，態度面A～Cの自己評価を子どもが集計して書いておく。

「通知表」等への反映 ---------------------------------------

　下図は通知表への記入（表記）の一例である。次ページに示す（授業記録の積み重ね）シートの自己評価の部分を，下の右半分のようにまとめる。教師の記述による評価だけでは，なかなか全てを網羅することはできない。その学期全ての時間についての自己評価が加われば，教師が作成する評価文章の根拠にもなると考えている。また，道徳に関しての親子での会話のきっかけとなれば最善である。

	所見	観点　　　／自己評価	A	B	C
道徳	複数回の思いやりについての授業を通して，思いやりのある行動には相手の立場で考えることが必要だと気づきました。自己満足の押し売りではない本当のやさしさや親切について，考えを深め広げることができました。	授業に意欲的に取り組むことができた	28	6	0
		テーマについて深く考えることができた	22	11	1
		テーマに関することを何か行動に移してみようと考えた	9	18	7

道徳 <ruby>スタッキング<rt></rt></ruby> *STACKING SHEET*　○組 ○番 氏名 ○○ ○○

月/日（曜）	教材名	テーマ	自己評価		
	じっくりと考えたことや印象に残った意見などを記入しよう		1	2	3

＊自己評価は「A」，「B」，「C」のいずれかを記入…（A：よい，B：ふつう，C：わるい）
<1　授業への意欲　2　テーマについて深く考えた　3　自分の行動に生かそうと考えた>

月/日	教材名・テーマ・記入	1	2	3
9/5（火）	教材名 はやぶさ　テーマ 畏敬の念 川口教授にとって、はやぶさは わが子のようだと思った。人間の力だけでない 運命のようなものが、はたらいている。	A	A	A
9/13（水）	教材名 虎　テーマ 充実した生き方 人は考え方しだいでとり組みが変わる。リーダーだけが目標じゃない！コツコツがんばる	A	A	A
9/19（火）	教材名 二通の手紙　テーマ 規則を守る 実際には 入れてもらえないな！と思ったら、変なカンジになった。次は集中する。	A	B	B
9/26（火）	教材名 正当防衛　テーマ 社会の秩序 住民も暴走族も、どっちも よくない。警察につかまえてもらうとか、ちがうやり方があったはず。	A	A	A
10/3（火）	教材名 ネパールのビール　テーマ 人間のすばらしさ チェトリが帰ってきたところを読んで泣きそうになった。人を疑うよりも 信じて生きたい。	B	A	A

＊1A 4　1B 1　1C 0　2A 4　2B 1　2C 0　3A 4　3B 1　3C 0

（丸山　隆之）

導入　提示教材　合いし話　板書　シートノート　終末　教員　説話

57 対話をうながすための
ワークシートを活用する

　様々な教科指導の場面で昨今求められている「主体的・対話的で深い学び」。道徳科の授業も例外ではない。

　しかしながら，はたして道徳科の授業でどこまで「対話的」な授業を実現できるかというと，難しい場面もたくさんある。

　発問を投げかけても手が上がらない……。

　指名をしてみても答えに窮してしまう……。

　だが，発言できなくても，考えていることはあるはずである。発言できなくても，書くことはできるかもしれない。そうした視点で，有効なワークシートの使い方を紹介する。

「対話的な学び」のためのツールとしてのワークシート

　ワークシートを活用するといっても，道徳科の授業では，ワークシートを書かせておしまいというケースも多いように思う。そうではなく，「対話的」な授業への手立てとしてワークシートを捉えることが大切である。

発問を書かないワークシートという発想

　ワークシートを活用するにあたって，他の教科で扱うもののように，事前に発問を記入してあるものを使うケースも多いように思う。確かに，発言することが苦手な子どもたちにとっては有効な手段ではある。だが，概して事前に発問を記入すると，びっしりとワークシートに自分の考えを記入して満足しているという傾向が強いように思う。国語科の読み取りのように，正しい答えを記入していく感覚である。「対話」という視点からすると，こうしたものをただ子どもたちが読んでいくだけでは，少しものたりない。

そこで，発問を書かないワークシートを活用することが有効になってくる。発問を書かないことのメリットとしては，

①子どもが教材を読み進めながら，事前に考えを記入することがない。
②記入する内容が，概してメモ書き程度の短い内容になる傾向がある。
③子どもの発言の様子や，反応を見ながら，発問を工夫することができる。

ということが考えられる。

②は，国語科の読み取りとの差異を考えるうえで有効である。メモ書きのような内容であれば，「それはどういうこと？」と自然に子どもたちとの対話が広がっていくチャンスが多い。

③も，対話的な学びを考えるうえで重要である。授業を考えるにあたっては，

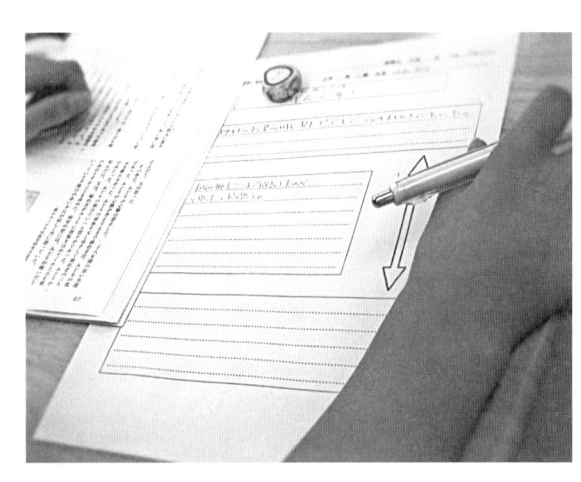

様々な発問や子どもたちの反応を考えて授業に臨むことが大切である。実際の授業では，予定していた発問よりも，別の聞き方をした方が有効である場合も多い。発問を事前に記入しているものでは，そうした場合の軌道修正が難しい。発問を書いていないからこそ，「では，このことを書いて，考えてみようか」というように子どもたちと授業をつくっている感覚をもつことができる。こうした要素は，対話的な授業を行ううえで重要な視点であると考える。

（東　克也）

 58　ワークシートを活用して評価する

　道徳科の評価を考えるうえで，ワークシートを活用することは有効な手段のひとつである。ここでは，子どもがどのような内容を記入すれば評価の手立てになるかということを紹介したい。

評価につながるワークシートの工夫 ------------------------------

　ワークシートを評価資料として活用するには，子どもの道徳性の変容を見取ることができるような工夫が必要である。

　その工夫としては，

①導入の段階などで，ねらいとする道徳的価値についての自分の考えを記入する。

②授業を通して，道徳的価値の理解を深めた後，そのことについての自分の考えを記入する。

ということが考えられる。

実際の評価に向けて --

　右上のワークシートは，木塚泰弘・著「ひとりじゃなかった」（出典：『教育技術　中学教育』小学館）という教材におけるワークシートである。

　「ひとりじゃなかった」は，失明という大きなショックを乗り越えて強く

生きる筆者の行動を通して，人間として生きることに喜びを見出すことの大切さを考えることのできる教材で，内容項目はD－⑫として扱っている。

まず，授業の導入では，「今，自分にとって困難なことや挫折しそうなことはなんだろう」という発問を，ワークシートの1番に記入させた。そして，中心発問では，主人公が学んだことを確認し，最後に振り返りとして，「教材を通して学んだことについて，今の自分はどうだろう」という発問を行い，ワークシートの3番に記入させた。

この子どもは，導入の段階では，勉強と部活の両立が大変だと感じている様子がうかがえた。

その後，授業を通して，「どうしても逃げようとしてしまったり，悪く考えたりしてしまうから，なるべく前向きに考えて逃げたりしない」というように，自分にとって大変なことからも逃げないようにするという前向きな考えをもったことが読み取れる。

教材を通して学んだことを，自分事として捉えて，よりよく生きようとする姿が見て取れる。

ワークシートに記入する内容を工夫することで，こうした生徒の変化を見取って，評価につなげていくことが可能である。

（東　克也）

59 子どもの心の変化を捉える
ワークシートを活用する

　道徳の授業で扱う題材の中には，子どもが自分の思いを円グラフを使って表現するのが効果的なものもある。

円グラフを使って考えを表現してみる ----------------------------

　道徳の授業では，「できる」「できない」，「そう思う」「そう思わない」というように，子どもたちに2択を迫るものも少なくない。

　特に，登場人物の葛藤場面を扱うような教材では，同じ選択肢を選んでいても，事象の解釈に温度差があるかもしれない。そうした時に，円グラフを活用して，子どもの思いを記入していくことが効果的である。

実際の授業場面では ---

　「ココロ部！」（NHK for School）の「まほうのスケート靴」で円グラフを活用した。

　「主人公のコジマはスピードスケート選手。日本代表まであと一歩というレース前，本番で履く靴について，スピードの出る新しい靴にするか，それとも契約を続けてきたこれまでの靴にするかで悩む」という内容の教材である。内容項目は，A−(4)「克己と強い意志」と設定した。関連項目はC−(10)「遵法精神」である。

　実際の授業では，まず，映像の前半部分を視聴し，この段階で自分だったらどちらを選ぶか，円グラフを活用して記入した。

　その後，映像を最後まで視聴し，小グループで話し合いを行った後，最後に自分だったらどちらを選ぶかを円グラフに記入させた。

　葛藤場面を扱う教材では，どちらかを選びきれないという声が聞かれるこ

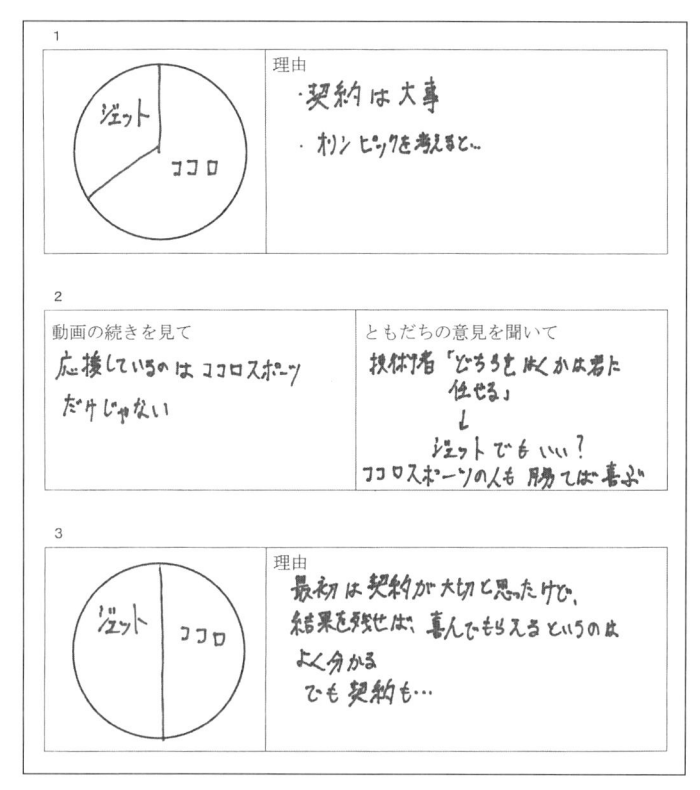

とが多かったが，今回のような円グラフを用いると，迷いの度合いを表現することができる。

　上のワークシートは実際に子どもが記入したワークシートである。このワークシートでは，最初はどちらかというと，これまでの靴を使うという「遵法精神」の方に重きが置かれていた。しかし，クラスでの意見交換を通して，新しい靴を使い結果を残すというように考えが変わった子どももいた。

　最終的には，円グラフが半々になっており，大いに悩んでいる様子がうかがえる。このように，1つの出来事を，一面的な見方ではなく，様々な道徳的価値を通して多面的・多角的に見ることができたことは，有意義であった。

　こうした子どもたちの心の変化を見取っていくのに，円グラフを活用することは有効である。

（東　克也）

60 子どもによる自己評価として活用する

1時間ごとにおける授業評価

　道徳科の評価においては，授業における学習状況を把握することが求められている。そのためには授業の最後に，子どもによる自己評価を行うことが有効である。

　例えば，質問項目としては，

・自分の考えや気持ちを進んで書いたり発表したりできたか。

・友達の意見を聞いて，そうだなと思ったり，参考になったりしたものがあったか。

・授業を受ける前と後では，自分の考えや気持ちに変化があったか。

などの項目が考えられる。

　こうした自己評価を積み重ねていくことで，子どもの学習状況を把握していくことが大切である。

実際の振り返りの場面では

　実際の自己評価としては，毎時間，ワークシートの下などに，自己評価を記入する欄を設けたり，毎時間の自己評価を記入できる振り返りシートを用意したりするといった方法がある。

　次に示しているのは，実際に子どもたちに記入してもらった振り返りシートである。自己評価と，授業の感想を記入できるようにしている。

　こうした振り返りシートの内容と，ワークシートの記入内容や感想を見比べていくことで，子どもを見取っていく手立てとすることができる。

A＝できた　　B＝だいたいできた　　C＝あまりできなかった　　D＝できなかった

日時 学習テーマ	自分の考えや気持ちをすすんで書いたり発表したりできましたか？	ともだちの意見を聞いて、そうだなと思ったり、参考になったものがありましたか？	授業を受ける前と後では、自分の考えや気持ちに変化がありましたか？	感　想
4月10日 生活習慣	A　B　Ⓒ　D	A　Ⓑ　C　D	A　Ⓑ　C　D	いい印象が持たれるような態度をとろうと思った。
4月24日 寛容の心	A　Ⓑ　C　D	A　Ⓑ　C　D	Ⓐ　B　C　D	「お互いさま」の気持ちを忘れずに生活しようと思った。
5月15日 生きる喜び	A　Ⓑ　C　D	A　Ⓑ　C　D	Ⓐ　B　C　D	大変でつまらない事でも楽しんで取り組めば何とかなるなと思った。
5月25日 信頼	A　Ⓑ　C　D	Ⓐ　B　C　D	A　B　Ⓒ　D	
5月29日 平和の尊さ	Ⓐ　B　C　D	Ⓐ　B　C　D	A　Ⓑ　C　D	平和第一！
6月19日 よりよい学校生活	A　Ⓑ　C　D	Ⓐ　B　C　D	A　Ⓑ　C　D	資料に出てきたようないいクラスになれたらいいと思った
6月26日 集団生活の向上	Ⓐ　B　C　D	Ⓐ　B　C　D	Ⓐ　B　C　D	
7月10日 理想を求めて	A　Ⓑ　C　D	A　Ⓑ　C　D	Ⓐ　B　C　D	あきらめないことの大切さを学んだ。
7月18日 公徳心	A　Ⓑ　C　D	A　B　Ⓒ　D	Ⓐ　B　C　D	マナーは守らなければいけないと改めて感じた

導入　教材提示　話し合い　板書　ノートシート　終末　教員　説話

　例えば，公徳心の授業では，「授業を受ける前と後では，自分の考えや気持ちに変化がありましたか？」という項目がＡになっているが，感想では，「マナーは守らなければいけないと改めて感じた」と記入しており，より自分の考えを深めた様子がうかがえる。こうした子どもたちの姿を見取っていくことが大切である。

教師の授業力向上という視点で -----------------------------------

　こうした子どもの自己評価は，教師の授業力向上という視点でも重要である。授業者としては，先ほどの「公徳心」の授業では，発問が難しく，子どもたちからの発言がなかなか出なかったという反省があった。実際にこの振り返りシートでは，「ともだちの意見を聞いて，そうだなと思ったり，参考になったものがありましたか？」という項目がＣとなっており，クラス内で意見交換ができなかったということが，子どもの評価からも明らかになった。こうした視点で，子どもの自己評価を活用することで，授業力向上を目指していくことも有効である。

（東　克也）

1枚の写真から
授業での学びを振り返る

余韻をもって，授業を結ぶ

　様々な道徳的価値について学ぶ道徳科の授業だが，終末ではやはり，余韻をもって授業を締めくくりたいものだ。道徳性を培っていくために，生徒たちにとっても心地よい思いを残して授業を結びたい。

写真を使って想起させる

　終末では授業での学びに対して，違う角度からその価値にふれることがあってもよい。もちろん教師のもつ価値観を押しつけるわけではなく，生徒自身の心の琴線にふれるためだ。そのために写真など画像を用いるのもよい方法である。

　写真には文字による説明はない。画像から読み取れるメッセージを生徒個々が自らの感性で受け取るのである。例えば，生命をテーマとした授業では，最後に「最も大切なもの」として，子どもの写真などを見せるのもよいだろう。自分の子どもの写真だけではなく，クラスの集合写真なども提示するとよい。少々気障と言われるかもしれないが，「あなたたちを大切に思っているよ」という生徒たちへの無言のメッセージを伝えることとなり，それは違う意味でも効果を発揮する。

　他にも様々なポスターなどを活用することもできる。テーマ性のある作品は，言葉はなくてもそこに込められたメッセージを生徒たちは敏感に感じ取る。Dの項目では，動植物の写真なども立派な教材となる。「ハゲワシと少女」や「ユニセフ」のポスターなど，活用できるものは多い。

（大舘　昭彦）

62 教材の中の登場人物に手紙を書く

自分の思いを，書くことによって伝える ------------------

　「手紙を書く」ということは，SNS 文化に慣れ親しんでしまっている今の生徒たちにとって，ひと昔前と比べあまり得意なことではないかもしれない。しかし，メディアなどを介したショートメッセージのやりとりではなく，自らの思いを込めた文書を書くことで，改めて自分自身の心の奥底に気づくこともできるし，目指す道徳的価値につなげることもできる。

相手への思い，そして相手からの返事を書く ------------------

　教材の中の登場人物に対して手紙を書くことは，今まででもよく用いられた。登場人物に自分自身を重ねて（役割取得して），授業での学びをかたちにするかのように，メッセージとして伝えさせるものだ。例えば，亡くなってしまった大好きな家族に手紙を書くことで，感謝の思いや深い愛情など，実際には伝えられない思いを手紙というかたちで表すことができる。それは，授業での学びを振り返ることにもなるよい方法である。そのうえで，さらにその手紙の相手になって，今度は自分自身へ手紙の返事を書いてみる。相手から自分に対してどんな言葉が語られるかを考え，手紙としてしたためる。相手の立場や思いについても改めて深く考えることで，さらに深い気づきが生まれるのである。

　この実践は，西九州大学名誉教授で医学博士の春口徳雄氏の提唱した「ロールレタリング」という手法をもとにしている。書籍なども出版されているので，参考にしてほしい。

（大舘　昭彦）

 具体策をグループで話し合う

改善策を考えてみよう

　「道徳科」の授業では，問題解決的な学習が質の高い多様な指導方法として紹介されている。議論し討論する中で，生徒たち自身が各々の体験を通して問題の解決方法を考え合う。そして様々な立場を考えつつ意見を出し合い，その中から実際の解決策を演じてみる。

役割演技で確認し合う

　教材の中にある道徳的な課題について，小集団などを活用して解決方法を具体的に話し合ったり，それをクラス全体でシェアリングしたものをもとに，役割演技の手法を活用して実際に演じてみたりする。役割演技はもちろん即興的に演じるものである。生徒たちはそこで登場人物という着ぐるみを着つつ，自分の体験を重ね，考え，語るのである。

　解決策の部分に絞って演じてみることで，かぎられた時間を有効に使うことができる。周囲で見ている生徒たち（観客）にも新たな気づきが生まれ，演じた生徒も，仲間たちの発言から同様に新たな学びを得ることができるのである。

　役割演技の実践では，教材の中にある登場人物のセリフや設定にとらわれすぎて，台本を読むように進められることがしばしばある。しかし本来大切にしたいのは，生徒たち自らが考え，意見を出し合うということであり，解決策には様々な方法があってよいだろう。

（大舘　昭彦）

64 家族からの手紙によって 目指す価値を再確認する

文字で知り，文字によって伝える

　中学生は大変多感な時期である。反抗期，成長の過程の中で，心の中では感謝していても，なかなか素直になれない時期である。そんな時，母親（父親）からのメッセージにふれること，そしてその思いに返信することで，真の愛や感謝の気持ちを培いたい。

保護者からの手紙で気づき，保護者への思いを綴る

　保護者に手紙を依頼しておいて，それを「家族愛」や「生命の尊さ」などの授業の際に用いるのだが，気をつけたいのはあくまでその手紙が「生徒たちの宝物」になるよう教師側が丁寧に取り組むことである。効果を考えれば，生徒たちには直前まで内緒にしていた方がより大きな効果も期待できていいわけだが，その手紙の内容も含めて，事前に保護者に依頼する段階から細かく趣旨を説明し，綿密に取り組むことが必要である。まず依頼文を作成し，保護者会などを通じて直接保護者に詳細を説明できるとよい。授業のねらいや生徒たちに伝えてほしいことなど，具体的に説明しておくことがポイントとなる。そして，返信用封筒と便箋を用意し，保護者の負担を極力軽減したうえで実施することが大切である。思いのこもった手紙は宝物となる。

　筆者はこの実践を，3年生の11月頃に必ず実施することにしている。三者面談などがあり，進路について具体的な方向を決める時期，保護者からのプレッシャーでぶつかることも多い。そんな時に保護者の真の愛にふれることは大変重要であると考えてのことだ。なお，卒業前には，生徒たちから保護者への感謝の手紙を綴らせることもあわせて実施している。　　　（大舘　昭彦）

65 生徒たちのエピソードから価値につなげる

生活ノートや班ノートの記述を用いて考える

　多くの中学校では，生活ノート（主に担任と本人でやりとり）や班ノート（班の構成メンバー内で回しているもの）などを活用しているのではないだろうか。小学校とは異なり，かぎられた時間しかクラスの生徒と一緒にいられないぶん，生活ノートは生徒の素直な心にふれることのできる優れた教材となり得る。

実際のノートを教材とする

　例として示したものは，生徒が自分の考えをノートに綴ったものである。道徳の時間は様々な教材を通して自分自身と対話していくものだが，周囲にいる仲間たちの考えにふれることも大変重要な学びのひとつとなる。

　生活ノートは担任と生徒本人との直接のやりとりなので，全体に紹介するには必ず本人の了解をもらい，基本匿名とする。しかし，班ノートの場合は仲間同士で公開することが前提で書かれているものであるから，予め生徒たちに断っておけば，活用しやすい教材となる。筆者は道徳の授業だけでなく学級通信などでもよく活用した。なにより仲間の生の声である。他の誰よりもその言葉が大切なのである。もちろん普段の学級経営が根本にはあるが，お互いに素直な意見を出し合う中で，目指す価値に迫ることができる。

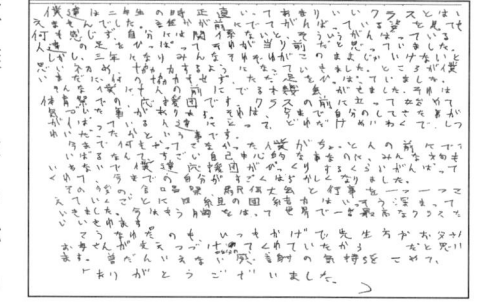

（大舘　昭彦）

66 友達と協力して作品を仕上げる

自分の思いを言葉にし，オリジナルソングをつくろう ---------

　価値の一般化を図り，日常の生活につなげていくためには，お説教じみた終末ではあまり効果は望めない。生徒たちの心に染み入るような取り組みが必要なのだ。そこで，自分たちの思いを歌詞に込めて，みんなの思いを紡いでいく活動を行うこととした。

自分たちでつくり上げた誇りを大切に -------------------------

　一般的に，中学生は自分の学級・学校という集団に対して，所属意識は高いものである。様々な学校行事が存在するが，体育祭でも合唱コンクールでも，常に学級が基本となる。また，部活動では常に自校の名のもとに試合をする。母校に対しては，少なからずなんらかの思いを抱いているはずである。　内容項目Ｃ－⒂・Ｃ－⒃などの教材は，生徒たちにとって比較的考えやすい身近な話題がテーマとなっていることが多い。その学びをどのように一般化していけるかが大切なポイントとなる。そこで，自分たちの考えている学校（学級）に対するイメージを言葉にし，それらを紡いでオリジナルの曲をつくることとした。

　自分たちが思いつく学校の特徴，活動してきたことの柱となること，自分たちの誇り……。各自が思い思いに言葉で表現し，歌詞をみんなでつくり上げていった。音楽科の協力も得て，１つのオリジナルソング，「未来への扉」ができ上がった。何かの詩のように１つの作品をみんなで仕上げることで，価値を再確認できる。

（大舘　昭彦）

67 説話によって新たな視点から価値にふれる

教師の自己開示は，生徒も楽しみ

　教師の話は，生徒たちにとってはたいへん興味深いものだ。もちろん，そこに望ましい人間関係が成立していればの話ではあるが，多くの場合生徒たちは，教師が語ることを楽しみに聞くだろう。単なるお説教ではなく，教師自らの経験を自己開示していくことで，価値への学びがさらに深まる。

長すぎず，心に残る説話で，余韻をもって終わる

　「説話」は授業の終末にあたって，最もよく実践される方法のひとつである。本書でも多くの事例が紹介されているが，1時間の授業の中で学んだ（気づいた）ことを，より確かな学びへと深めていくのにとてもよい方法である。実施にあたって注意した

いことは，説話は決して教師の価値観の押しつけの場ではないということだ。まとめと称して，予定されていた授業のねらいを生徒たちに語るような実践を時々見かけるが，あくまでまとめるのは生徒自身であるはずだ。だから，生徒たちが自分の言葉を綴れるような場を設定することが必要である。そして，生徒たちが聞きたいのは教師自身の自己開示，すなわち経験である。「先生はこんな時どうしたんだろう」「先生のこと，もっと知りたい」と興味津々で話を聞こうとする。そんな生徒たちのために行う教師の語りはもう1つの教材ともなり得るし，授業での学びを生徒たちが振り返る手助けともなり得る。教師と生徒の対話の場としても大切にしたい。　　　　（大舘　昭彦）

68 教材や書籍を活用し価値につなげる

テレビ番組なども，トピック的に用いる

　日々放送されているテレビ番組や新聞，書籍などにも，終末に使える教材はたくさん存在する。私たちはいつも，アンテナを高くしてよい材料を探し求めていたい。

　ただ気をつけたいのは，当然，道徳の授業のために制作されたものではないから，そこには複数の価値が潜んでいる。指導者がそのことさえ忘れなければ，様々な作品がよい教材となり得る。

「私たちの道徳」や「心のノート」の活用

　授業で学んだ「道徳的価値」について各自の考えを深めていくためには，教材のもつ価値が明確でなければならない。「私たちの道徳」や「心のノート」は伝えるべき価値が明確であり，使用するにあたって指導者は悩む必要がない。

　例えば「真の友情」を学ぶ時，教材について様々な角度から話し合った後，2つの場面を提示し，何がよくて，何がだめなのかをしっかりと考えさせることができる。

　他の実践でも，「私たちの道徳」に掲載されているコラムや写真，グラフなどを活用し，再度学ぶべき価値について自ら考えることができる。

　例えば「二通の手紙」を用いた授業では，法やきまりについてその意義を十分に考えた後，西村雄一国際審判員のメッセージを読み，本時の振り返りとして道徳ノートに記述する活動を行った。終末で使える教材はたくさんある。

（大舘　昭彦）

導入／提示 教材／合い 話し／板書／シート ノート／終末／教員／説話

69 音楽の力で実感をもたせる

曲を聴く・歌を歌う ------------------------------------

　音楽の力を使って，生徒一人一人の感性に訴えることで，学習した道徳的価値の理解が深まるのではないかと考える。そこで，曲を聴いたり，歌ったりして実感する方法を紹介したい。

音楽を用いる具体的な場面 ------------------------------

　終末に，本時で学習した道徳的価値と関連する曲を聴いたり，歌を歌ったりする。例えば，「公徳心」について学習した際に，さだまさし作詞・作曲の「償い」を，「自然愛護」について学習した際に，同じく，さだまさし作詞・作曲の「MOTTAINAI」を聴く。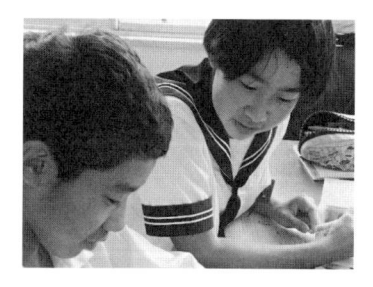

　曲の歌詞をプレゼンテーションソフトなどで示すと，歌詞の内容がより印象深くなり，実感が深まる。

　生徒も知っている身近な曲であれば，プレゼンテーションソフトで示された歌詞を見ながら，曲に合わせてみんなで歌うのもよい。学習した道徳的価値に関わる生徒の日常の様子を，動画や静止画にして歌詞とともに示すと，自分の生活のよい振り返りになる。

　聴いたり，歌ったりした曲の歌詞は，しばらく教室や廊下に掲示しておき，生徒がいつでも口ずさむことができるようにしておく。帰りの会などで歌う機会をもつのもよい。

（桃﨑　佐知子）

70 ストーリー作成で自分事として考えさせる

ストーリーを作成する

　昨今は，テレビのコマーシャルなどでも，ストーリー性をもつものが多くつくられており，それが好評である。ストーリーをつくることで，自然に自分の生活体験が想起され，自分事として捉えることにつながると考える。

ストーリー作成の具体的な場面

　例えば，問題解決的な学習において，自分が考えた解決策，もしくは班や学級で考えた解決策を，簡単なストーリーにする。自分が語り手として設定を考えながらストーリーを書くことで，自分の生活体験が想起され，自分が考えた解決策を実際のこととしてイメージしやすくなる。

また，ストーリーを考えることで，解決策が実現可能であるかどうか，もしくはうまく機能するかどうかについても吟味することになる。

　書くことを苦手とする生徒もいるので，ワークシートを工夫し，書き出しの言葉を示したり，挿し絵を描くスペースを設けたりして，負担感を減らす必要がある。

　書いたストーリーをペアやグループで紹介し合うのもよい。お互いにストーリーを紹介し合うことで，多面的・多角的に考える力もつく。

（桃﨑　佐知子）

71 新聞記事で 道徳的価値の深化を図る

新聞記事を紹介する ---------------------------------

　終末で，学習した道徳的価値と関連した新聞記事を紹介することで，さらに道徳的価値の理解を深めることができると考える。日頃，使えそうな新聞記事をストックしておき，学習する内容項目に応じて使用する。

新聞記事を使用する具体的場面 ---------------------------

　ねらいとしている道徳的価値を深めるために，終末で学習した道徳的価値に関連する新聞記事を紹介する。新聞記事は実際に起こったことが書いてあるので，自分に結びつけやすく，実感しやすい。

　例えば，サッカーの長友佑都選手の，「走り続けてスタミナに磨きをかけた」という練習方法をもとに，「向上心，個性の伸長」について学習する時，終末で，長友佑都選手がサッカーのワールドカップの試合で走り続けて，チームを勝利に導いたという新聞記事を提示する。

　また，「アフリカの少年」という読み物教材を用いて「思いやり」について学習する時に，終末で，読み物教材とは違うかたちの「思いやり」について書かれた新聞記事を紹介する。多面的・多角的に道徳的価値の理解が深まり，いろいろなかたちの思いやりがあることに気づく。

（桃﨑　佐知子）

72 写真から思いを受け取る

写真を提示する

　1枚の写真から，様々な情報を受け取るとともに，撮影者の思いを感じ取ることができる。終末で写真を提示することにより，その思いを実感して，道徳的価値の理解を深める。

写真を提示する具体的な場面

　2020年のオリンピック・パラリンピック開催地を争った日本とトルコ。日本とトルコの間には，歴史的なつながりが存在する。

　「私たちの道徳」の読み物教材「海と空－樫野の人々－」は，イラン・イラク戦争のさなか，トルコ政府が日本人脱出のために救援機を出

してくれたことや，エルトゥールル号遭難の際に樫野の人々が救援にあたったことなど，日本とトルコの相互扶助について書かれた教材である。

　例えば，読み物教材「海と空－樫野の人々－」を学習する際，授業の終末で，2020年の開催地は日本に決定するが，敗れたトルコの首相が日本を祝福して，安倍総理と抱き合った写真を紹介する。

　東京オリンピック・パラリンピックを2020年に控えた現在も，日本とトルコの「国際理解」が深められていることが印象づけられる。

（桃﨑　佐知子）

73 ポスターのテーマを活用する

ポスターを活用する

　ポスターには，発信したいテーマが写真や絵，キャッチコピーなどでわかりやすく表現されている。終末でポスターを提示して，ポスターのテーマと学習した道徳的価値が重なり合うと効果的である。

ポスターを活用する具体的な場面

　故・やなせたかしさんが，東日本大震災の被災地に送ったポスターを活用する。ポスターには，アンパンマンと太陽，「ああ　アンパンマンやさしい君は　いけ　みんなの夢まもるため」という言葉が描かれている。この言葉は，「アンパンマンのマーチ」からの引用である。

　「公共の精神」について学習する際，授業の終末でこのポスターを紹介する。ポスターに書かれている言葉を隠して提示し，その言葉を生徒に考えさせるのもよい。言葉を考えることで，自分がどのようにして社会に貢献していくかを具体的にイメージすることができる。

　東日本大震災の際に，このポスターが被災地の各地に貼られ，アンパンマンのマーチとともに，被災地の人々や被災地で救援活動を行っていた人々を勇気づけたことを伝える。また，生徒が作成したポスターを活用することも考えられる。

（桃﨑　佐知子）

74 キャラクターで愛校心を育む

キャラクターを紹介する

　自分が住んでいる地域や学校の特徴や長所を盛り込んだキャラクターを考え，それを授業の終末で紹介し合う。その中で，自分が住む地域や自分が通う学校のよさを再確認することができる。

キャラクターを紹介する具体的な場面

　「提案します！　わたしの町のキャラクター」という読み物教材には，日本の各地域で活動している「ご当地キャラクター」が紹介されている。例えば，熊本県の「くまモン」や宮城県気仙沼市の「海の子ホヤぼーや」，兵庫県姫路市の「しろまるひめ」などである。

　このキャラクターを参考にして自分の学校の特徴や長所を考え，ペアやグループで対話をしながらキャラクターをつくり，授業の終末で紹介し合う。

　右上のキャラクターは，熊本市立出水南中学校の「イズナン」というキャラクターで，出水南中学校の卒業生である尾田栄一郎さんや，片岡安祐美さんをはじめ，７つの特徴が盛り込まれている。

　お互いが作成したキャラクターの特徴や長所を紹介することが，自分の学校のよさを実感することにつながる。

（桃﨑　佐知子）

75　マンガで親近感を生む

マンガを用いる

　マンガは身近な読み物である。生徒にとって，マンガの登場人物が発する言葉は親近感があり，理解しやすい。登場人物の言葉は，生徒の心にダイレクトに響くと考える。

マンガを用いる具体的な場面

　「希望と勇気，克己と強い意志」について学習する時に，終末で，マンガ『宇宙兄弟』の登場人物である「南波六太」の言葉を紹介する。

　困難を乗り越えながら宇宙飛行士になるための訓練を続ける南波六太は，「私たちの道徳」の中にも「内なる敵」という項目で紹介されている。

　南波六太の「俺の敵は　だいたい俺です」という言葉は，生徒が共感しやすく，「克己と強い意志」という道徳的価値を深めるのに有効である。

　また，「生命の尊さ」を学習する時に，終末で，マンガ『コウノドリ』の一場面を用いる。『コウノドリ』はテレビドラマにもなっており，生徒にとって親近感がある。

　このように，マンガの1コマを終末で用いると，余韻を残しながら，これからの自分の生き方を考えることにつながっていく。

（桃﨑　佐知子）

76 動画で感動を演出する

動画（DVD）を用いる

　終末で，様々な動画や身近な生活を映し出した動画を見ることにより，道徳的な問題を自分事として捉えることが可能になると考える。また，動画は印象的であり，生徒の心に感動が生まれやすい。

動画を用いる具体的な場面

　読み物教材「茂の悩み」を学習する時に，終末で，バスケットボール部の練習や試合の様子を動画で流す。「寛容」について学習し，対話したことを，動画を見ることによって，より自分事として捉えられるようになる。

　また，互いのもつ異なる個性を見つけ，認め合う学習を行う時に，終末で，ディズニーの映画「ダンボ」の一部を見る。

　最初はダンボの個性がいじめの対象となっていたが，ティモシーとダンボの協力と努力によって，ダンボの個性がダンボの輝かしい自信となっていく。その様子を見て，自分のもつ個性を大事にして，さらに伸ばしていこうとする思いが強くなるとともに，他の人と個性を認め合おうとする態度が育つと考えられる。

　動画は印象的であり，生徒の心に感動が生まれ，道徳的価値の深い理解につながると考える。

（桃﨑　佐知子）

 77 意見の種類を表示するカードを活用する

　小学校では，よく，意見パー，反対グー，つけたしチョキ……など，じゃんけんのようにして手をあげ，先生があてる時のめやすにしている。

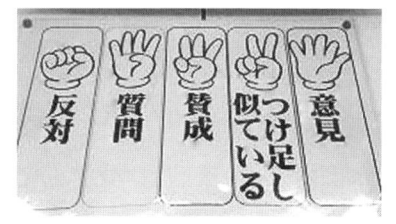

　これを中学校の発達段階で，抵抗なく，より適切なかたちにして使いたい。Ｔ－Ｓ－Ｔ－Ｓ……でなく，Ｔ－Ｓ－Ｓ－Ｓ……と生徒の連続した発言を促すために用いることができれば，なおすばらしい。

　教科書（または道徳ノート）裏表，上下を使うと４種類の意見が表現できる。４辺を用いて色分けするなどして共通理解を図ったり，教科書とノート両方を用いたりして８種類表現できれば，さらにファシリテートしやすくなる可能性がある。

　「今の意見，いいなあと思います」「別の理由があります」など，教師や生徒が，こういうことが伝えられるといいと思うコメント，イラスト，絵文字，スタンプなどを作成し，カラー印刷して，ビニールカバーをかけて使う。使う中で，生徒に必要な言葉を聞いて一緒に改良できるとよい。

　教具は単品のツールでなく，他のアイデアとのセットでの使い方でさらに効果をあげる。本書執筆者の鈴木賢一先生が実践されているように，「発言してもいいですか」「どうぞ」というルールを応用して，「別の理由を言ってもいいですか」「どうぞ」などと，実際の言葉も一緒に使う習慣が定着すると，一層あたたかく認め合う雰囲気で意見交流が活発になるだろう。

（野本　玲子）

78 「主人公の心情の変化を表す グラフ」で見える化する

　X軸を時の流れとして，左から右に時系列でできごとを書き入れておき，Y軸はやる気や幸せな気持ちを，上をプラス，下をマイナスとして，グラフを書き，心情の変化の見える化を図る。

　個人のワークシートで考えてからでもよいが，4人ぐらいのグループで考えながら書き込むのもよい。下の写真は，A3のブラックボードを用いているが，ホームセンターなどで安価に売られており，書くのも貼るのも，グループでの言語活動活性化に様々に使えて，移動しやすく，非常に便利である。全体の前でどんな時にどうなっているかを説明し，語り合って深める。

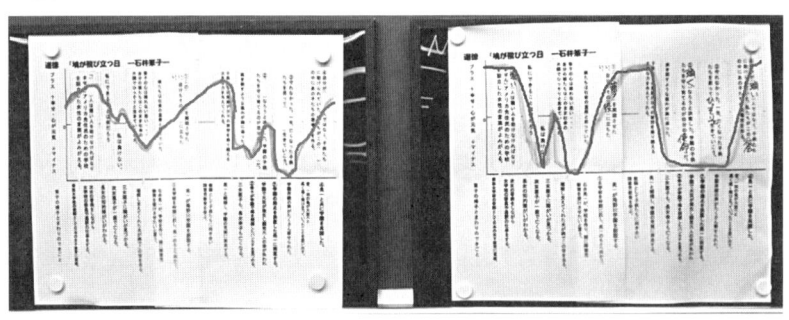

　例えば，教材「鳩が飛び立つ日－石井筆子－」で，石井筆子は，娘たちの病気，夫の死，学園の火事，園児の命が失われるなどの不幸で落ち込んでしまう。しかし，グラフをよく見ると，主人公（あるいは人間というもの）は，つらいことや悲しいことがあっても，何かをきっかけに乗り越えてやる気を出すということがわかる。周りの人の支え，よりよい社会を実現させたいという使命感，自分の存在を認められ求められているという自覚と感謝が，がんばるエネルギーのもとになっているということに，教師が教えるのでなく生徒が気づくのである。

（野本　玲子）

79 「自分たちの学校生活のスライド」と音楽で振り返る

読み物教材で，着ぐるみを着せて主人公の心情に迫らせ，いわゆる展開の後段で，ねらいとする内容項目に自我関与させて，自分の生き方を振り返らせたい時

がある。しかしながら，中学生の発達段階では，「あなたはどうですか？」とわざわざ問うことで，せっかくの素直さを壊してしまうこともある。そんな時，余韻が残り，いつまでも考え続けられるような音楽を選び，それに合わせてさりげなく自分たちの学校生活を見直すようなしかけのスライドをつくると，自分のこととつながる。はじめのうちは，友達や先生が映っていることで，「おっ！」「あ〜，なつかしい！」などとなることもあるが，そこに，生徒が知らなかったような裏の場面や，押しつけないけれど気づかせたいような教師のねらいを意図して入れ込んでおくので，だんだん，感じ，考えることが増え，落ち着いてくる。

学校の教育活動全体で取り組んでいる道徳教育を，補充・深化・統合させる「要」の役割があることは，「道徳の時間」が「道徳科」になっても変わっていない。体験的な活動の道徳的な価値を，生徒自身が意味づけし直すことはとても重要である。

課題のある生徒にとっては，自分の生活を振り返るということが容易でない場合もある。適切に「思い出す」，あるいは「気づく」しかけを用意してあげるという考え方が，教材と生徒の道徳的行動への実践意欲・態度をつなぐユニバーサルデザインのヒントになる。さらに，素敵な音楽は心を素直に開放し，余韻をもたせる効果もあり，休み時間や布団に入って目を閉じる時まで，よりよい生き方を深く考え続けることもある。　　　　（野本　玲子）

80 「付箋」を使って みんな参加の授業開きを行う

　「付箋なんて，全然，目新しい教具じゃない」と思われるかもしれないが，教具は目的と使い方がフィットすると驚くほどの効果をあげる。

　例えば，年度はじめは，どの生徒もがんばろうと思っている。

　「道徳科で，みんなとどんなことを一緒に考えたいかな」

　「どんな力をつけたら自分も周りも世の中全体も幸せになれると思う？」

　みんなの前で意見を言えない生徒も，しっかり考えている。付箋で表現し，グループでカテゴリーをまとめあげていく中で，どういう道徳的価値を意味しているかが交流され，協働的な学びで，個の道徳についての考えも深まる。

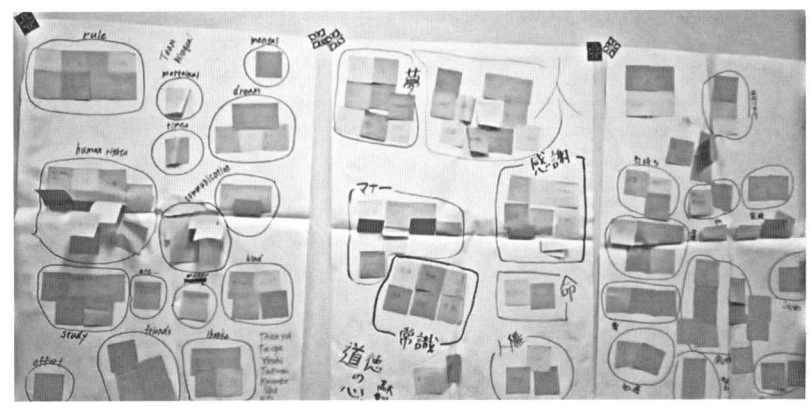

　道徳の評価は，学習活動全体を通して「生徒の学習状況や道徳性に係る成長の様子」を丁寧に見取り，励ますことが必要である。単語のみにならないよう大きめの付箋を使ったこの学習活動は，年度のはじめに，道徳に対して全員がどんなことを考えていたかが非常によくわかる。ぜひ残しておき，年度末に生徒自身が学びと成長をメタ認知できるようにしたい。

（野本　玲子）

「色画用紙を切ってラミネート加工」し，生徒主体の板書をつくる

　ミニホワイトボードも売っているが，色画用紙は，色もかたちも大きさも思い通りにつくることができ，厚みがないので，黒板に貼りやすく，また，ラミネートするとホワイトボード用のマジックで書いたり消したりして何度でも使えるという利点がある。裏に，100円ショップなどで売っているマグネットシールの小さいものを貼っておくと便利である。

　大きいものは，ラミネートしてから裏をテープでつないでおくと，かさばらずに保管や運搬ができる。ふきだし黒板も買うと高価なのでこの方法でつくる。ネームカードの場合は，36人学級なら円を36等分し，表と裏で色を変えた2色の色画用紙をパウチすると，意思表示をした時にネームカードが円グラフになり，授業前後の比較もできる。

　読み物教材で中心発問に対して発言したり，葛藤のある課題で意見を述べたりする時に，全部を黒板に書きとめるのは無理なことがある。生徒自身が，個人，ペア，グループなどで意見を書き，貼って発言すると，教師が聞いて生徒が答える一問一答式の授業展開ではなくなる。判断理由などを分類して貼る順番を変え，多様な考えを構造的にまとめていくこともできる。生徒が書いたものを生かし授業改善する発想が大切である。　　　　（野本　玲子）

82 「ダイヤモンドランキング」で 語り合う

　内容項目のCの視点「(16)郷土を愛する態度」「(17)国を愛する態度」「(18)国際理解」やDの視点「(19)生命の尊さ」「(20)自然愛護」などを扱う時には，大切だと思う価値の中に，現代的な課題の葛藤を含むことがある。例えば，次のような考えについてのカードで，自分がそうだと思うものを，ダイヤモンド型のボードの1番上に1つ，2番目に2つ……と，共感できる順にあてはめていき，そうした理由をグループで語り合う。

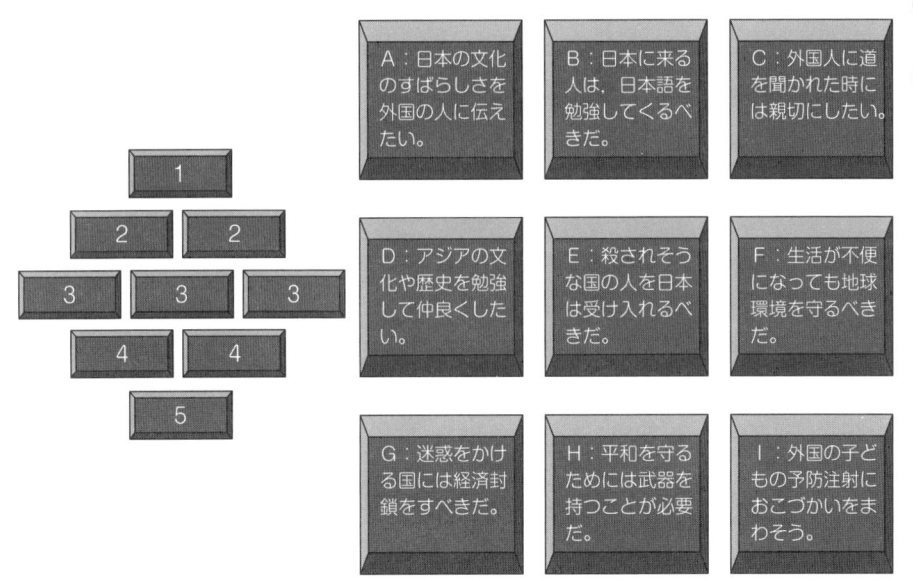

　討論によって，何が正解かという合意形成をすることが目的ではない。知識と考えを語り合う中で，他者理解とともに，認知的葛藤が起こり，視野を広げ，特に判断理由による互いの道徳性の発達を促進させることが目的である。メインとなる教材を自分のことにつなぐ役目をもたせたい。(野本　玲子)

83 教材の中で鍵となる具体物を使う

言葉を使ってイメージをふくらませる ----------------------------

「私たちの道徳」に掲載されている教材「二人の弟子」は，挿し絵がとてもいい。その挿し絵を見ながら，その花を想像し，教材の話に思いをはせることが大切である。

それぞれの花は，どのような状況で咲いているのか教師の言葉でしっかりと説明することも必要である。

白百合の花を一輪教室に飾って ----------------------------------

インターネットなどの普及により，現代の子どもは調べたい時に調べ，見たい時に見るという生活をしている。「二人の弟子」でも，「ふきのとう」と「白百合」がどんな花であるかをすぐにイメージさせたい。そのためには，写真などの画像を提示するのが効果的である。これでイメージする時間を短縮し，そこでできた時間を有効に使う。例えば，それぞれの花が意味するものを理解するための時間や，中心発問に対して思う存分対話する時間にあてるのが有効である。

道徳の授業がある日の朝，白百合を一輪花瓶にさして教室に飾る。これを導入に使うこともできる。この白百合を見つめながら智行に思いをはせ，生徒一人一人が，自分の考えをしっかりと深めることができる。

（増田　千晴）

84 重要な部分をカードにする

教材の重要な部分はカードにして黒板に貼る ------------------

　物事を理解する時，視覚優位や聴覚優位の生徒がいる。一度聴いただけでは理解しづらい生徒や文字が多すぎてどこが大切なのかわからなくなってしまう生徒など，どのタイプの生徒にも教材のどこに注目してほしいのかわかりやすくしたい。それを実現するのが，このカードである。学級全員が，教材を理解することで話し合いの準備ができる。

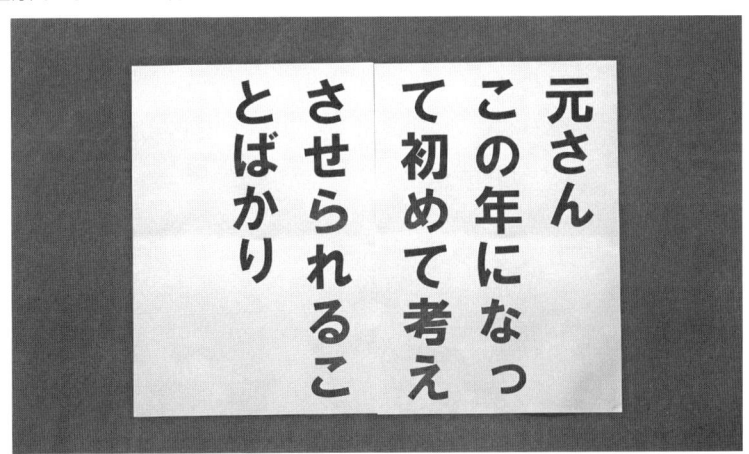

カードは貼りすぎない ------------------------------------

　カードは貼りすぎない。カードに大切な言葉を全部書いてしまわないことが重要である。考えるための手がかりになる程度におさえておく。何枚も貼ると情報過多になり，考えを深めることのじゃまになってしまう場合もある。

（増田　千晴）

85 生活体験を補う教具を用いる

　教材研究は，教材を読むことから始まる。その話が生徒の生活経験と知識で理解を深めることができるものか否かを判断する。話の状況や主人公の置かれた立場など，想像できなければ理解も深まらないし，学級全員が道徳的価値を考え，対話するステージに立つことができない。

　教材「足袋の季節」を例にあげる。教材には，雪の積もった小樽の写真や北海道の地図など北の大地の冬がどれだけ寒いのか想像できるしかけがあるものもある。これらと生徒の知識とで，冬の日に毎日足袋なしで生活することのつらさをまずは想像させたい。しかし，生徒の生活経験だけで，どれだけ現実味を帯びて感じられるかには不安がある。最近は雪が降った日は車で送ってもらう生徒もいる。寒さ対策をしっかりして登校するので「言葉にしがたい寒さ」を体験したことがある生徒はかなり少ない。自分の生活経験から主人公の気持ちを理解することが難しい。そこで，「雪の中を素足でぴょんぴょんはねるようにして」歩く必然性や「40銭あったら足袋が買える」と思ってしまう気持ちを理解しやすくする工夫をする。

　そこで，バケツにたくさんの氷を入れて教室にもっていく。その中に，はだしで足をつける。授業が始まってからでは，教室内が騒然となって真剣に考えたり対話したりする雰囲気が崩れてしまう危険性があるので，授業前に準備しておく方がよい。生徒の実態によって生活体験を補う教具を使うことも必要である。

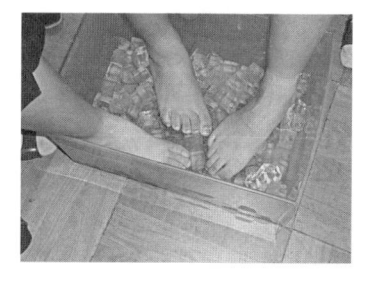

（増田　千晴）

86 ネームプレートを使う

表裏2色のネームプレートを使う

　表裏で色の異なるネームプレートを準備する。例えば，黄色と白の組み合わせは黒板に貼った時に見やすい。なお，寒色と暖色の組み合わせは，その色のイメージに左右されることにも配慮する。

　授業のはじめに自分の机の上にネームプレートを置き，白側を表にしておく。発問に対して自分の考えがもてたら黄色側に変える。教師はその変化で自分の考えがもてたか判断できる。生徒の考えを分類して板書した後，自分の考えのところにネームプレートを貼る。

　①誰がどの考えか一目でわかる。②考えの分布がわかる。③自分の考えを明示できる。④話し合いの時，誰のどの考えに質問意見をしたいかがわかりやすい。以上の点で有効である。

　これは話し合いの授業に慣れるまで使うとよい。最終的にはネームプレートなしで自分の考えを話し合うことができるようになる。

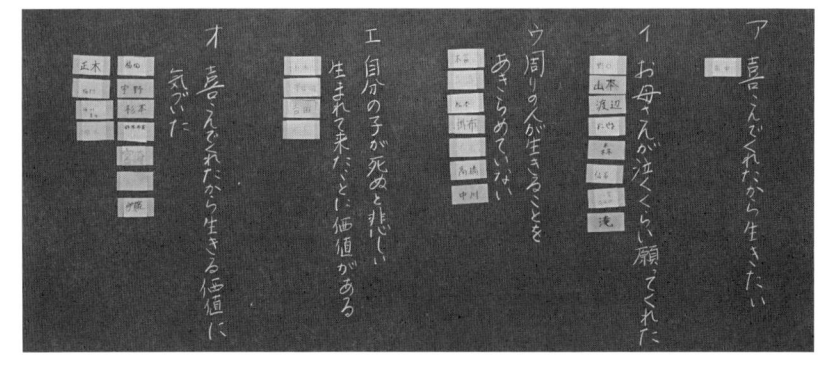

（増田　千晴）

気持ちの度合いを目盛りで表現する

87

目盛りは，「この時の気持ちの度合いはどれくらいですか？」「2つの場面で，相手への気持ちの変化は？」など，自分の考えを言葉で表現するための手助けとなる。各場面での主人公など重要な登場人物の気持ちの度合いや相手に対する思いの度合いを表すことで，その変化を視覚で一度に捉えることができる。

道徳の授業は，目には見えない心の変容を目に見える行動から考える時間でもある。目には見えない気持ちの変化を可視化するものがあれば，道徳的課題を考えるための手助けとなる。授業のかぎられた時間の中で，どれだけ早く，全員が話し合いのできるステージに立てるかが勝負である。目盛りで可視化することが，理解までの時間短縮に有効である。

教材「雨の日の届け物」では，「ひとみ」と「私」の互いを思う気持ちの度合いや2人の距離感を表現するのに効果的であった。

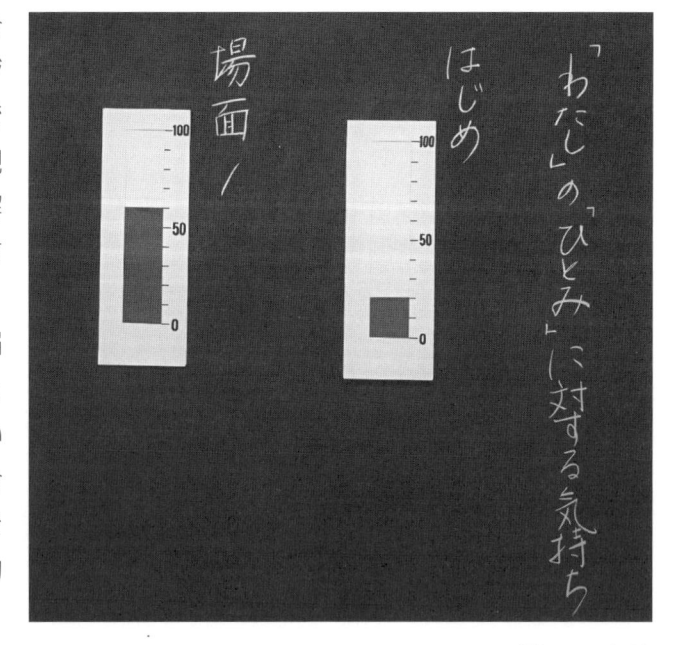

（増田　千晴）

88 考えを色の位置で表現する

　中心発問に対しての生徒の考えを分類し板書する。文字と言葉で生徒の考えを表現することが重要である。文字や言葉の多さに拒否反応を示して自分の考えをうまくまとめられなくなってしまう生徒もいるので，色のグラデーションで自分の考えがどこにあるのか，分類された考えのどの位置にあるのかを目で見てわかりやすくする。たくさんの文字や言葉に混乱して思考が止まってしまうタイプの生徒にも，この方法は考えをまとめる一助となる。これは「助ける・助けない」「許可する・許可しない」のように考える時に効果的である。迷う場合はどちらよりに迷っているのか，その色合いのところにネームプレートを貼る。また，友達の考えを聞いて自分の考えが変わった時はネームプレートを移動する。学級で友達と対話すると同時に自分自身に問う。自分は道徳的価値に対してどう考えるのか。友達の考えを聞いて，また自分に問う。そして自分を深めていく。この色の表があることで自分の考えが可視化され，考えを深める一助となる。文字や言葉に抵抗を感じる生徒には自分の考えを言葉で表現するためのお助けツールとなる。

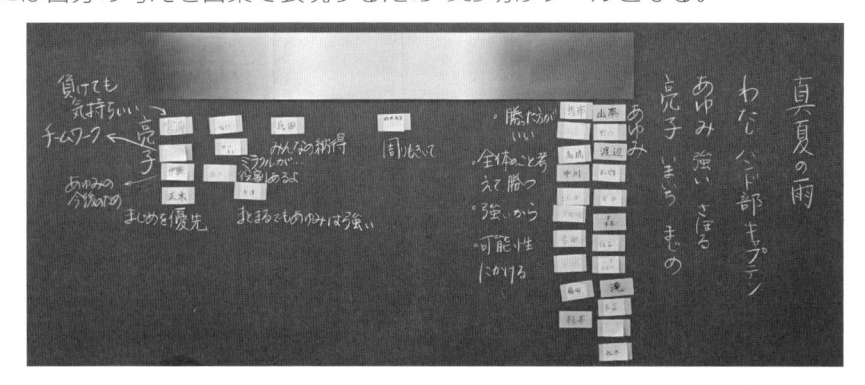

（増田　千晴）

89 向上心，個性の伸長に関わる説話をする

「美しく自分を染めあげて下さい」 --------------------------------

　「美しく自分を染めあげて下さい」は，自己を深く見つめ，自己の向上を図るとともに，個性を伸ばし充実した生き方を追求するのに最もふさわしい五連からなるサトウハチローの詩である。

　この詩は，赤ちゃんの時は，誰でも白であり，体と心を育てていくという内容から始まり，最後は生まれてきたからにはよい方向へ進めということをうたっているものである。

　説話では，「詩」の全文を生徒たちに紹介したい。

「サトウハチロー」という人物 ----------------------------------

　サトウハチロー（本名・佐藤八郎）は，明治36年に生まれた。

　３歳の時に，下半身を大ヤケドしてしまう事故にあい足が不自由となった。そんな彼を姉と母は大層かわいがった。

　しかし，彼が中学生の時に両親は離婚し，父は別の女性と再婚した。彼は母の実家の青森に帰らされた。そんな中，実母とさらに姉も亡くなった。彼は父への怒りから学校で暴力沙汰を起こすなど，手に負えなくなっていった。

　そこで，父は彼を知り合いの詩人に預けた。その知人はすぐに彼の詩の才能を見抜き，大詩人の西條八十を紹介。大正15年，彼は詩集『爪色の雨』を発表し注目をあびる。

　そして，昭和になり日本を代表する詩人となった。

（根岸　久明）

90 希望と勇気，克己と強い意志に関わる説話をする

映画「風に立つライオン」

　さだまさしの名曲「風に立つライオン」は1987年7月25日に発売されたアルバム「夢回帰線」に収録されている。

　この曲は2015年に映画化された。内容は，医学の道を選んだ若き医師が，勤めている大学病院からケニアの戦傷病院へと派遣される。そこで目の当たりにしたのは心と体の深い傷を負った患者たち。医師はその患者たちの命と心を懸命に守った。そのような多忙な日々を送る中で，戦闘で傷ついたンドゥングという少年兵士と出会い，懸命に手当てをした。その少年兵士はやがて医師となって来日し，そこで出会った子どもが，また医師を目指すこととなる。

モデルとなった柴田紘一郎医師の生き方

　この話は，さだまさしの父親の友人で青年海外協力隊としてケニアで巡回医療活動をした柴田紘一郎医師がモデルとなっている。

　柴田医師が医師を志したそのきっかけは，彼の祖父が小学校4年生の時にプレゼントした1冊の本。「アフリカの父」といわれるシュバイツァー博士の伝記であった。

　彼は猛勉強して医師となり，その後，夢であったアフリカへ行く転機が訪れ，ケニアにある長崎大学熱帯医学研究所に赴任し，国際医療ボランティア活動に懸命に従事した実在の医師である。

【参考文献】『風に立つライオン』さだまさし・著，幻冬舎文庫

（根岸　久明）

節度，節制に関わる説話をする

時を守り，場を清め，礼を正す

　教育学者であり哲学者である森信三の名言に「時を守り，場を清め，礼を正す」がある。この言葉は，学校・学年・学級の経営方針のスローガンとして用いられることも多い。短文ではあるが深い意味が込められており，学年の発達段階に応じて解説を加えていけば多くの学年で活用できると思われる。時を守ることは，自分自身にとっては規則正しい生活を実現すること，他者に対しては相手への敬意をはらうこと，集団や社会にとっては全体が機能することにつながる。場を清めるとは，掃除をしてきれいにすることであり整理整頓することである。さらに，物質的なことだけにとどまらず精神面でも心を清めていくことで心の健康も図ることができる。そして，礼を正すとは礼儀をきちんとすることを意味している。加えて，「礼」には相手に敬意を表し行いを丁寧にするという意味も含まれている。

ヒンズー教の教えより

　ヒンズー教の一説に次のような言葉がある。
　心が変われば，態度が変わる。　　態度が変われば，行動が変わる。
　行動が変われば，習慣が変わる。　習慣が変われば，人格が変わる。
　人格が変われば，運命が変わる。　運命が変われば，人生が変わる。
　安全で健康的な活力ある生活を送るためには，基本的な生活習慣を確立していくことが大切である。基本的な生活習慣の確立には，節度，節制に留意し調和的な生活を心がけることである。この教えでは，心構えから習慣が形成され，そのことがひいては人生を規定すると教えている。　　　　（富岡　栄）

92 礼儀に関わる説話をする

礼儀は心を込めて早く伝えることが大切 ----------------------

　私たちはともすると礼儀を軽く見る傾向がある。礼儀は相手の立場や存在を認める態度につながり，人間関係を築く基盤となるとても大切なものである。なので心を込めて，失礼にならないようより早く伝える必要がある。そこで次のような内容を教師の説話として子どもの心にいつまでも残るように伝えることが大切である。「相手に物や手紙を届けるスピードは，ものすごく速くなり有り難いことである。でも，相手にもっともっと早く届けるべきものがある。それは，このふたつ。『ありがとう』と『すみません』。お礼とお詫びが必要なときは，『一秒でも早く』である」（『子どもたちが身を乗り出して聞く道徳の話』平光雄・著，致知出版社）

「あいさつ」は自分を変える
自分が変われば周りの世界が変わる ---------------------------

　あいさつは人として生きていくうえで最も大切なものである。例えば『あなたの人生が変わる奇跡の授業』（比田井和孝・比田井美恵・著，王様文庫）には「あいさつは，相手の存在を認め，相手に対して心を開くことである。自分から心を開かないと，周りの人も心を開いてくれない」と書かれている。そこで，子どもたちには次のように語りたい。きっと子どもたちの生き方が変わる。「『自分から』『笑顔で』『大きな声で』『心を込めて』『相手の目を見て』言えてはじめて『本物のあいさつ』と言えます。今まであいさつが苦手だった人は，ぜひ自分からあいさつをしてみてください。きっと周りの世界が……あなたを見るみんなの目が変わってきます」　　　　　（根岸　久明）

93 思いやり，感謝に関わる説話をする

思いやりの心がしみてくる教材「地下鉄で」から 真の思いやりに迫る

　例えば，教材「地下鉄で」を説話で読み聞かせることもできる。

　「地下鉄で」は，「腰の曲がった80歳近くに見える小柄なお年寄りの女性が両手に大きな紙袋をさげて電車がくるのを待っている。電車がホームに入ってくると，2人の中学生くらいの少女が素早く並んで，待っている人々の隙間をすり抜け，1つだけ空いていた席をとり，そのお年寄りに席を譲る」という話である（出典：『人生という旅』小檜山博・著，講談社）。

「手伝いましょう」通りかかった高校生の言葉から迫る

　終末の役割は，実践への意欲づけである。ここでは価値を実現している他者からのメッセージなどを紹介して終わっていくことが多い。そこで，ここでは教師が次のような説話をして，子どもたちに「よ〜し，自分もそんなふうにやってみようかな」と余韻をもって終わらせるようにすると効果的である。「先日，私の勤務する学校に電話がかかってきた。『今日，資材の運搬のため1人で国道2号線を走っている時，何かのはずみで積んでいた資材が落ちてしまった。自分1人で片づけると相当な時間がかかり，国道も大渋滞してしまうと焦っていたところ，自転車に乗った高校生の一団が通りかかり，「手伝いましょう」と言うが早いかみんなで資材を拾い集めてくれた。片づけが終わると，高校生たちは，名乗らずに去って行った』」（広島県教育委員会ホームページホットライン教育ひろしま「子どもに伝えたい『心に響くちょっといいはなし』」より）

（根岸　久明）

94　友情，信頼に関わる説話をする

名言の活用

　友情，信頼は身近な道徳的価値であるため，体験談もあり，それを説話とすることも考えられるが，友情に関わる名言も多いので活用を試みたい。

①「死を待つ人々の家」を設立し社会援助をしたマザー・テレサの言葉

　　「喜びの時も悲しみの時も，成功した時も失敗した時も，その人の愛があなたのかたわらにあるとわかる，それこそが本当の友情である」

②ベートーヴェンの第九交響曲「歓喜の歌」の作詞をしたシラーの言葉

　　「友情は喜びを二倍にし，悲しみを半分にする」

③インド独立の父と言われたマハトマ・ガンジーの言葉

　　「友の幸福のためにどれだけ尽くしているか，そこに人間の偉大さをはかる物差しがある」

④アメリカ合衆国初代大統領ジョージ・ワシントンの言葉

　　「真の友情はゆっくり成長する植物である。友情と呼ぶにふさわしいところまで成長するには，度重なる危機にも耐えていかなければならない」

音楽の活用

　歌やその歌詞などを活用することで余韻の残る授業とすることが考えられる。友情をテーマにした曲は数多くあるが，その一例をあげれば，中川ひろたか作詞・作曲「みんなともだち」，BUMP OF CHICKEN「友達の唄」（「ドラえもん新・のび太と鉄人兵団〜はばたけ天使たち〜」の主題歌），Kiroro「Best Friend」，ケツメイシ「トモダチ」などがある。また，学級で友達に関する曲を学級歌と決めて，歌うことなども考えられる。　　　（富岡　栄）

家族愛，家庭生活の充実に関わる説話をする

家族の深い愛がひしひしと伝わってくる教材「美しい母の顔」 ‥‥

　この教材はもともと生徒作文であるので実際にあった内容である。親は我が子に見返りを求めることなく，自分の全てをささげられるという無償の愛が心にしみてくる教材である。これを特に親を疎ましく煩わしく思う時期の子どもに，教師が心を込めて聞かせると効果絶大である。主人公は母親の顔にあるヤケドのあとが嫌でたまらない。とても醜い顔だと思っている。ある日，母親が忘れ物を届けに学校にやってきた。主人公はつい母親に「学校へきちゃだめって言ったでしょう」と言ってしまう。そのことを聞いた父親が「おまえがまだ小さい時，家が火事になった。お母さんは幼いおまえを抱いて火の中を逃げ出した。その時のヤケドが，あのヤケドのあとなんだ」と告げるという内容である。（出典：『自分を考える』廣済堂あかつき）

我が子のために懸命に働く母親の姿から親の真の愛情に気づかせる ‥‥

　この話は，友人の母親の我が子を思う気持ちがよく表れている心あたたまる内容である。一般的な傾向として子どもたちは「親は子どものためにやってくれるのが当たり前」と思っているところがある。そこで，この内容を伝えることはとても意味深いものがある。「兄弟の多いKの家庭では学費捻出のため，母親は毎日，日雇い労働者として仕事に出始めた。しかし，彼の母親は『毎日，過酷な仕事をしてもつらいとは思わない。息子のKが京都で毎日一生懸命勉強をしてくれていると思えば……』と語った」（広島県教育委員会ホームページホットライン教育ひろしま「子どもに伝えたい『心に響くちょっといいはなし』」より）

（根岸　久明）

96 公正，公平，社会正義に関わる説話をする

いじめ防止 --

公正，公平，社会正義は今回の学習指導要領の改訂に伴い，小学校低学年・中学年にも新設された内容項目である。新設された背景には，道徳教科化の要因であるいじめ問題の未然防止や解消に向けた意図がある。よって，説話としてはいじめ問題に関する直接的，間接的な話も考えられる。例えば，松谷みよ子・著『わたしのいもうと』を紹介し，その内容からいじめの悲惨さを伝えることも考えられるし，レイフ・クリスチャンソン・著『わたしのせいじゃない』から，直接的な加害者ではないが，傍観者が結果的にいじめに加担していることなどを伝えることもできる。あるいは，いじめを解消した例としては1000円札の肖像画でもある野口英世の学生時代の事例がある。英世は幼少期にヤケドで左手が癒着していたため「手ん棒」というあだ名をつけられ，からかいやいじめを受けていた。そのような中，英世はこれまでの不自由な左手を嘆く作文を同級生らの前で発表する。すると，共感を誘い，英世の左手を治すための手術費用の募金が始まった。

差別や偏見のない社会の実現 -------------------------------

2014年にノーベル平和賞を受賞したマララ・ユスフザイは，命をねらわれ銃で撃たれても，教育の重要性や女性が教育を受ける権利を訴え続けた。また，キング牧師は「私の夢は，いつの日か，この国が立ち上がり，『全ての人間は平等につくられているということは自明の真実である』というこの国の信条を，真の意味で実現させるということである」と演説し，人種による偏見や差別の撤廃にその人生をささげた。

（富岡　栄）

97 国際理解，国際貢献に関わる説話をする

日本人救出劇

　イラン・イラク戦争の最中の1985年３月17日に，イラクの大統領が，48時間の猶予期限以降にイラン上空を飛ぶ航空機は，無差別に攻撃し撃ち落とすと突然宣言した。この宣言を受け，各国はイラン在住の自国民救出のために航空機を準備して救出にあたった。日本も，在留邦人救出のために航空機の手配に努力したが難航を極めた。国外脱出のために，空港につめかけた日本人は解決策が見出せない中でパニック状態に陥っていたという。そのような状況下で時間ばかりが過ぎ予告時間が近づく中，突如としてトルコ政府が日本人救出を申し出てくれた。空港につめかけた日本人215名はトルコの航空機で無事脱出できた。タイムリミットの１時間15分前だったという。

エルトゥールル号の遭難事件

　この救出劇について，なぜ，トルコ政府が日本人救出のためにトルコの航空機を提供したのか，その理由は日本政府もわからなかったという。この窮地を救ってくれた温情の背景には，1890年に和歌山県串本沖で発生したエルトゥールル号の遭難事件との関係が深いと言われている。このエルトゥールル号の遭難事件については「私たちの道徳」の「海と空－樫野の人々－」に掲載され，それまであまり知られることのなかった事件であったが，多くの人に知られることになった。現代は諸外国との交流は当然のように行われているが，国際交流が盛んではなかった明治時代に樫野の人々は海難事故に遭遇した異国の人々を救出した。「人間みな同じ」との考えのもとに自分たちが大切にしている衣食を提供し国境を超え人命救助にあたった。　　（富岡　栄）

98 生命の尊さに関わる説話をする

『電池が切れるまで　子ども病院からのメッセージ』

　『電池が切れるまで　子ども病院からのメッセージ』（すずらんの会・編，角川書店）は長野県立こども病院の院内学級の，常に死を意識して暮らしている子どもたちが書いた詩集である。その最初に載せられている詩が宮越由貴奈さんの「命」という詩。彼女はこの詩を書いた4か月後に11歳で亡くなった。

　この詩は「命の大切さ」を子どもの心に訴え，そして子どもの心を大きく揺さぶるものである。

「かぎりある命」を語る

　次の文は『10代にしておきたい17のこと』（本田健・著，だいわ文庫）という本の中の「寿命について考える」という内容である。短い文だが，かぎられた自分の命について考え，さらに自分の人生をどう生きるかというものである。

　この内容は終末に扱うにふさわしいものであり，さらに教師自身の体験談なども織り交ぜながら伝えるとより効果的であると考える。

　「当たり前のことですが，命が永遠に続くことはありません。誰もが老い，死んでいくのです。いまのあなたは想像できないでしょうが，あなたも，例外ではありません。（略）それを考えて，逆算して，人生をどう生きるかを考えておきましょう」

（根岸　久明）

99 自然愛護に関わる説話をする

地球温暖化防止に向けて --

地球規模で温暖化が進んでいる。これが進展すると，北極や南極の氷がとけ，海水面が上昇し南太平洋の国家が水没してしまうと言われている。また，動植物の生態系への影響も心配されている。その原因は，化石燃料などの使用による CO_2 増加のためであるという指摘がある。また，近年の日本におけるゲリラ豪雨や台風の大型化も温暖化との関連が深いと言われている。未来に生きる子どもたちにとって地球温暖化は切実な問題であり，温暖化防止への意識を醸成し，今の自分に何ができるかを考えさせたい。

共存 ---

これまで自然の中で生活していた動物は人間の開発で住む世界が狭まり，人間の生活圏との境目がはっきりしなくなってきて，いろいろな問題が生じている。これまで人間は，生活の便利さを追い求めて自然を開発し，環境破壊をしたり，種を絶滅に追いやったりした経緯がある。動物と人間が共存していくための方法を考えていかなければならない。

自然の美しさや神秘さ --------------------------------------

動植物の飼育や栽培をしている学校や学級は多いだろう。幼虫が脱皮してチョウになったりカブトムシになったり，あるいはオタマジャクシの足が突然出てくることなどに注目させることで，成長や自然の不思議を実感させたい。また，秋のうろこ雲，茜色に染まった夕焼け，雪の結晶などの写真や映像の活用で自然の美しさや神秘さを感じさせることができる。　　（富岡　栄）

100 感動，畏敬の念に関わる説話をする

感動，畏敬とは --

　感動とは，ものに感じ心が動くことである。人は，自然の雄大さや神秘性にふれた時，あるいは，人の織りなした優れた芸術作品にふれた時や人の崇高な生き方に接した時などに感動を覚える。また，畏敬とは，畏れるという畏怖の念と敬うという尊敬の念をあわせもつことである。

琴線にふれる --

　教師自身の感動した体験や子どもたちが学校行事などで感動した体験があれば，このことを教材の内容やねらいとの関連を考慮したうえで説話とすることが考えられる。あるいは，人物を扱った教材であればその人物のエピソードなども考えられる。また，感動を知的に理解することも大切であるが，感動は情意面に強く働くこともあり，音楽，絵画，映像などを活用すると余韻の残る授業となる。畏敬は，日常的な生活の中で感じることは少なく，非日常的な体験の中で自覚されることが多い。東日本大震災は，まさに人知を超えた未曽有の出来事であり多くの被害や悲しみをもたらした。だが，人は自然をうらまず，ともに生きていかなければならない。東日本大震災に関わる動画や写真，新聞記事などを子どもの実態に配慮しつつ活用することが考えられる。あるいは，日本人は，古来より至るところに神が存在すると考え信仰してきた。山には山の神が海には海の神がいて敬っていた。「お天道様が見ている」も自然信仰，太陽神による表現であろう。現代社会のように科学が発展しても，森羅万象を解明できるわけではないしコントロールできるわけでもない。

（富岡　栄）

おわりに

　義務教育における道徳科新時代の幕開けとなる2018年と符合するように，本書を企画・刊行することができた。第2章に紹介されている全国の実践家による具体的な指導事例はまさに珠玉の宝箱である。これらのアイデアやヒントを自分流にアレンジして活用するのは，日々の教室で子どもたちと向き合っている教師としての読者自身である。

　本書の指導事例から，そこで展開されている授業での子どもたちの「明確な学習課題」が読み取れるであろうか。一人一人の児童が，一人一人の生徒が「主体的・対話的で深い学び」を求めて瞳を輝かせている姿が瞼に浮かべられるであろうか。また，年間35時間の道徳科授業を重ねる中で，児童・生徒一人一人の道徳的思いがふくらんでくる様子が垣間見られるであろうか。道徳科授業の連続性や一貫性を考えた時，子どもたちの道徳的実態に軸足を置きながらどう計画的・発展的に指導すれば効果的な授業となるのであろうか。本書ではこのような問題提起の視点に立ち，根本から道徳科授業の在り方を問い直し，子どもたちにとって意味のある本来の道徳学習を実現するために道徳科授業をどう創ればよいのか，どうそれを効果的にマネジメントすればよいのか，そんな視点からアイデアそしてヒントとなる具体的な実践事例が紹介されている。そして，その先にあるのは，子どもはもちろん教師にとっても満ちたりた道徳科の未来予想図である。

　従前の「道徳の時間」においてその実効性が問われ続けてきた現実を踏まえながら，これから始まる道徳科では何かひとつでもよいから子どもたちの主体的な学びを引き出す方法を見つけ，自分らしい道徳科指導ができることを全国の教師に目指してほしいと願っている。教育は国家百年の計であり，道徳教育は平和で民主的な国家・社会の形成者を育むためのもといとなる場でもあるからである。だが，大勢の教師の中には「道徳なんて教育課程の一領域にすぎないからなんとかやりすごしておけば……」といった意識で向き

合ってきた人も少なくないのかもしれない。しかし，これからは道徳科で指導した学習成果を評価し，それをさらなる学びへと発展させる「指導と評価の一体化」が前提となった授業展開が求められるようになってくる。ならば，おざなりだった指導の現状を打開する有効な手立ては何か，子どもを主体的な学びに導くためにはどうすればよいのか，といった後手に回った対応から能動的な指導へと意識転換する好機と考えてもよいのではないだろうか。毎時間の指導に追い回されるのではなく，教師が子どもと協同しながら主体的な学習を生み出していくという学習指導観の転換が不可欠である。

　道徳科指導に自信がもてる教師となるためにはどんなことに留意すればよいのか，道徳科指導によって子どもたちが変容できるような未来志向的な授業にするためにはどんな指導方法の改善が必要なのか等々，大切な議論はここから始まるに違いない。本書で目指すのは，道徳科授業のオーソリティー，道徳科プロ教師を生み出すことではない。全国各地の学校で，全国各地の教室で，教師が自らの道徳科指導に気後れすることなく本気で子どもたちと向き合い，今を生きるひとりの人間として互いが自らの在り方や生き方を振り返ったり，語り合えたりするような道徳科授業空間を生み出す一助となることを願っての本書での提案である。まずは食わず嫌いになる前に，どのページからでも読み進めていただきたい。

　最後に，今般の小・中学校学習指導要領全面改訂では「主体的・対話的で深い学び」としてのアクティブ・ラーニングの導入が全ての教育活動に求められている。道徳科とて例外ではない。まさに道徳科移行という道徳教育新時代の幕開けにふさわしい授業観転換の契機でもある。新しい時代の追い風を受けながら，これからの道徳科をどうするのかというプロ教師としてのプライドと自信をもって臨んでいただきたい。その指南書となるような本書企画を提案してくださり，執筆機会を与えてくださった明治図書教育書部門編集部の茅野現さんに謝意を申し上げてページを閉じたい。

（田沼　茂紀）

【執筆者紹介】（執筆順）

田沼　茂紀	國學院大學教授
馬場　真澄	栃木県大田原市立黒羽中学校
櫻井　雅明	群馬県藤岡市立鬼石中学校
笠井　善亮	千葉県流山市教育委員会
鈴木　賢一	愛知県愛西市立八開中学校
若林　尚子	埼玉県川口市立榛松中学校
及川　仁美	岩手県盛岡市立厨川中学校
中山　芳明	京都府京都市立藤森中学校
岡田多恵子	茨城県稲敷市立新利根中学校
丸山　隆之	新潟県三条市立第二中学校
東　　克也	神奈川県横浜市立旭中学校
大舘　昭彦	千葉県教育庁東葛飾教育事務所
桃﨑佐知子	熊本県熊本市立託麻中学校
野本　玲子	神戸医療福祉大学准教授
増田　千晴	愛知県江南市立古知野中学校
根岸　久明	神奈川大学講師
富岡　　栄	高崎健康福祉大学特任教授

【編著者紹介】

田沼　茂紀（たぬま　しげき）

新潟県生まれ。上越教育大学大学院学校教育研究科修了。
國學院大學人間開発学部長。専攻は道徳教育，教育カリキュラム論。
川崎市公立学校教諭を経て高知大学教育学部助教授，同学部教授。（2009年より）國學院大學人間開発学部初等教育学科教授。2017年4月より現職。
日本道徳教育学会理事，日本道徳教育方法学会理事，日本道徳教育学会神奈川支部長。
主な単著，『人間力を育む道徳教育の理論と方法』2011年，『豊かな学びを育む教育課程の理論と方法』2012年，『心の教育と特別活動』2013年，『道徳科で育む21世紀型道徳力』2016年（いずれも北樹出版刊）。
その他の編著『やってみよう！新しい道徳授業』2014年（学研教育みらい刊），『「特別の教科　道徳」授業＆評価完全ガイド』2016年（明治図書出版刊），『小・中学校道徳科アクティブ・ラーニングの授業展開』2016年（東洋館出版社刊），『中学校道徳アクティブ・ラーニングに変える7つのアプローチ』2017年（明治図書出版刊），『道徳科授業のつくり方』2017年（東洋館出版社刊），小学校編・中学校編分冊『指導と評価の一体化を実現する道徳科カリキュラム・マネジメント』2017年（学事出版刊）等。

道徳科授業のネタ＆アイデア100　中学校編

2018年3月初版第1刷刊　©編著者	田　沼　茂　紀
2019年4月初版第4刷刊　発行者	藤　原　光　政
発行所	明治図書出版株式会社

http://www.meijitosho.co.jp
（企画）茅野　現（校正）嵯峨裕子
〒114-0023　東京都北区滝野川7-46-1
振替00160-5-151318　電話03(5907)6701
ご注文窓口　電話03(5907)6668

＊検印省略　　　　組版所　長野印刷商工株式会社

本書の無断コピーは，著作権・出版権にふれます。ご注意ください。

Printed in Japan　　　　ISBN978-4-18-223327-2

もれなくクーポンがもらえる！読者アンケートはこちらから →